TERAPIA DO PERDÃO

Dados Internacionais de Catalogação na Publicação (CIP)
(Câmara Brasileira do Livro, SP, Brasil)

Gil, Paulo Cesar
  Terapia do perdão : caminho pessoal e comunitário para a paz / Paulo Cesar Gil. – Petrópolis, RJ: Vozes, 2022

Bibliografia.
ISBN 978-65-5713-495-5

1. Cristianismo 2. Perdão – Aspectos religiosos – Cristianismo I. Título.

21-87460   CDD-241.4

Índices para catálogo sistemático:
1. Perdão : Aspectos religiosos : Cristianismo 241.4

Cibele Maria Dias – Bibliotecária – CRB-8/9427

Paulo Cesar Gil

TERAPIA DO PERDÃO

Caminho pessoal e comunitário para a paz

Editora Vozes
Petrópolis

© 2022, Editora Vozes Ltda.
Rua Frei Luís, 100
25689-900 Petrópolis, RJ
www.vozes.com.br
Brasil

Todos os direitos reservados. Nenhuma parte desta obra poderá ser reproduzida ou transmitida por qualquer forma e/ou quaisquer meios (eletrônico ou mecânico, incluindo fotocópia e gravação) ou arquivada em qualquer sistema ou banco de dados sem permissão escrita da editora.

CONSELHO EDITORIAL

Diretor
Gilberto Gonçalves Garcia

Editores
Aline dos Santos Carneiro
Edrian Josué Pasini
Marilac Loraine Oleniki
Welder Lancieri Marchini

Conselheiros
Francisco Morás
Ludovico Garmus
Teobaldo Heidemann
Volney J. Berkenbrock

Secretário executivo
Leonardo A.R.T. dos Santos

Diagramação: Victor Mauricio Bello
Revisão gráfica: Editora Vozes
Capa: Ygor Moretti

ISBN 978-65-5713-495-5

Este livro foi composto e impresso pela Editora Vozes Ltda.

Tende piedade, ó meu Deus, misericórdia!
Na imensidão de vosso amor, purificai-me!
Lavai-me todo inteiro do pecado,
e apagai completamente a minha culpa!...
Criai em mim um coração que seja puro,
dai-me de novo um espírito decidido.
Ó Senhor, não me afasteis de vossa face,
nem retireis de mim o vosso Santo Espírito!...
Abri meus lábios, ó Senhor, para cantar,
e minha boca anunciará vosso louvor!
Meu sacrifício é minha alma penitente,
não desprezeis um coração arrependido!
(Sl 51,3-4.12-13.17.19)

Sumário

APRESENTAÇÃO, 9

PARTE I – SEM FRONTEIRAS PARA O PERDÃO, 13

1. CAMINHO PARA O PERDÃO, 15

    1.1 Uma longa jornada, 15

    1.2 O perdão está no ar, 18

2. A TERAPIA COMUNITÁRIA DO PERDÃO (TCP), 23

    2.1 Uma conversa a dois ou mais..., 23

    2.2 Quando precisamos de ajuda?, 24

    2.3 Os pilares da terapia comunitária do perdão, 26

3. A METODOLOGIA NA TERAPIA COMUNITÁRIA DO PERDÃO, 29

    3.1 Passos iniciáticos, 29

    3.2 Passos permanentes, 30

PARTE II – O ROTEIRO PARA TERAPIA
COMUNITÁRIA DO PERDÃO, 33

PRIMEIRA SESSÃO: DIFICULDADES EM PERDOAR, 35

SEGUNDA SESSÃO: SABER DISCERNIR, 41

TERCEIRA SESSÃO: A DOR É SUA, 47

QUARTA SESSÃO: A DOR É SUA... REVER A HISTÓRIA A PARTIR DO OUTRO, 51

QUINTA SESSÃO: A LIBERTAÇÃO, 57

SEXTA SESSÃO: CUIDAR-SE PARA O AMOR, 63

SÉTIMA SESSÃO: RESTAURAÇÃO, 67

OITAVA SESSÃO: DETERMINAÇÃO, 73

NONA SESSÃO: RECONCILIAÇÃO, 79

DÉCIMA SESSÃO: NOVOS PASSOS, 85

PASSOS PERMANENTES..., 89

REFERÊNCIAS, 93

Apresentação

Eu já me perguntei: de onde vem o perdão?
Cheguei à conclusão de que o perdão é gerado no próprio silêncio...
Quando tudo se aquieta aqui dentro, o lá fora já não incomoda mais.

Precisamos amar a si mesmo e se abrir para o que você realmente é. É urgente olhar para o que é o amor e como podemos nos amar mais. Feliz, posso amar mais. O lugar desse amor é a paz interior. O caminho do perdão ajuda na compreensão do que somos capazes de encontrar a felicidade na vida que segue em parceria com o outro, com as pessoas que estão ao nosso lado ou com as que estão distantes.

Este livro, mais do que um instrumento de trabalho para seguir os passos em busca da reconciliação, quer ser um itinerário para a percepção da real necessidade que está expressa em nossos dias, nossa vida e que devem ser satisfeitas. O que pode ser mudado, seja feito com motivação e determinação. Se tudo que nos agride faz mal, busquemos sair da frequência da experiência negativa para decisões assertivas em favor da nossa vida. Tudo depende da escolha que fazemos. Uma escolha consciente nos leva ao bem-estar que favorece no processo de autoconhecimento, autoaceitação e autoestima.

Queremos manter o que nos causa dor, sofrimento, angústia, mágoas, ou queremos viver levemente e livres. Se há um apego na dor, podemos alterar nossa saúde mental, emocional e física até que o corpo grite! Podemos reconhecer nossas dores e abraçá-las, mas devemos abrir mão do sofrimento para que ele não se arraste por muitos anos e nos arraste com ele.

Na primeira parte apresentamos a importância de se trilhar o caminho do perdão em busca da paz. Esse caminho é voltar para dentro de si mesmo e recomeçar. A cada perdão, um novo tempo, um novo ciclo.

O perdão revela nossa força! O caminho para o perdão requer perseverança, ou seja, caminhar na esperança. A esperança é uma fiel aliada na arte de saber ressignificar, perdoar e reconciliar-se consigo mesmo, com o outro e com Deus.

Nessa parte também serão apresentados os efeitos terapêuticos do perdão que acontecem na terapia do perdão. A terapia é um processo gradual e permanente de acompanhamento realizado em duas grandes etapas: os passos iniciáticos e os passos permanentes.

A terapia do perdão pode ser um projeto comunitário ou individual. Os passos iniciáticos serão dados na companhia e auxílio de um terapeuta, pessoa qualificada para o acolhimento, escuta e acompanhamento do grupo. Os passos permanentes serão dados por cada participante que passou pelo processo dos passos iniciáticos e já se sente capaz de acreditar e investir no próprio potencial como ser humano e na possibilidade de mudanças. Fortalecida pela conquista do caminho trilhado, será capaz de compartilhar palavras e gestos de generosidade, gratidão e compaixão.

Na segunda parte são apresentadas as reflexões e compromissos para cada passo a ser dado no caminho do perdão. São dez passos que correspondem a dez sessões. Tudo é muito importante: a formação do grupo, as sessões dirigidas por um terapeuta e as tarefas terapêuticas, sugeridas ao final e cada sessão.

O grupo pode ser constituído por uma família; por membros de uma comunidade religiosa ou paroquial; por um grupo de amigos ou de pessoas que tenham interesse e disponibilidade para a prática do perdão. É importante que o grupo busque a ajuda de um terapeuta que o acompanhe, seguindo a proposta que apresentamos neste livro. Os participantes podem se reunir em casa ou em outro espaço terapêutico devidamente preparado para que sejam bem-acolhidos e acompanhados. Pode ser na clínica do terapeuta, na igreja ou espaço comunitário. Não será nada ruim se puderem se reunir em um espaço alternativo e livre, em contato com a natureza: na praia, na montanha, à beira de um rio ou debaixo de uma linda árvore. Será com certeza um momento prazeroso e restaurador.

Caso o leitor prefira realizar o processo terapêutico individualmente, sugere-se utilizar o roteiro das sessões, apresentado na segunda parte deste livro. Para isso procure fazer com determinação a leitura, a reflexão e as paradas sugeridas para o compromisso e as tarefas terapêuticas. Também pode contar com o auxílio de um terapeuta, se preferir.

As sessões, comunitárias ou individuais, podem ser mensais ou quinzenais. O tempo entre as sessões é importante para o próprio amadurecimento pessoal e para o fortalecimento social, emocional e espiritual. O mais importante é que o tempo e o espaço favoreçam a conexão com o silêncio, com a paz e a vida, para que todos entrem em sintonia com a sua essência e acolha grandes revelações. Sempre atento à percepção de tudo que acontece, dentro e fora de nós.

O perdão é cuidar de si mesmo. É um ato de amor! É resgatar a consciência do quanto ainda podemos amar.

Por isso, querido leitor, "se cuida"!

"Se cuida" é um modo disfarçado de dizer: te amo.

Paulo Cesar Gil

PARTE I

SEM FRONTEIRAS PARA O PERDÃO

70 × 7 | O EFEITO TERAPÊUTICO DO PERDÃO

"DAQUILO QUE CONSIDERAMOS PEDAÇOS DE NÓS,
DEUS CONSTRÓI UMA NOVA REALIDADE."

1 | CAMINHO PARA O PERDÃO

Se é para esquecer, eu não esqueço
Se é pra perdoar, já perdoei
Não cabe em meu amor
A mágoa da paixão
Carinho que eu fiz
Não vai virar espinho.[1]

Certamente o caminho do perdão é o coração do ser humano! Sabemos que existe um abismo entre muitos... A luta para a superação dessa distância pode parecer impossível. Para muitos, a decisão de perdoar alguém talvez seja algo impensável, para outros é mais provável que se realize, mas a pessoa precisa de tempo, coragem, motivação interior para que o faça. Existem também aqueles que estão à espera de um milagre, quando der, quando for a hora, se Deus quiser,... E assim vai.

1.1 | UMA LONGA JORNADA

Nada é por acaso. O desconforto de sentir a necessidade de perdoar ou pedir perdão é tão grande que seria muito mais tranquilo que não deixássemos para amanhã o que podemos fazer hoje. Sim, mas sem pressa.

---

1. BRANT, Fernando; NASCIMENTO, Milton. *Pensamento, A barca dos amantes*: Álbum de Milton Nascimento. Paris: Gravadora Barclay, 1990.

Perdão sem reflexão é desculpa, dizia uma senhora muito simples que conheci no interior do Estado de São Paulo. Certa vez, esperando o ônibus para voltar a São Paulo, fiquei por um tempo na rodoviária até que não demorou alguém puxar conversa... e que conversa! O tempo de espera foi longo e a prosa muito boa. Falamos sobre os problemas que aparecem nas famílias hoje, perdão, limites, drogas, violência... Para ajudar nossa reflexão, vou descrever como aconteceu essa conversa:

> Dona Lúcia, uma senhora de 68 anos, avó de quatro netos, também estava voltando para São Paulo, e com alegria nos olhos dizia: "Ah! São Paulo, cidade grande e maluca que eu gosto".
>
> O primeiro comentário que dona Lúcia fez foi sobre os limites que os pais não sabem dar. Para ela, os pais não querem dar limites: "se eles derem vai ficar difícil para eles, terão que ficar firmes no que pediram... mas eles querem sossego!" De certa forma, ela tinha razão nessa observação. Se os pais quiserem dar limites, não podem esquecer de que precisam corresponder com coerência ao que pedem, devem acompanhar seus filhos e possibilitar a eles uma experiência familiar que não os motive a sair do controle, ou seja, não extrapolem nos limites estabelecidos. Ela se referia à vontade dos filhos de ficar mais tempo fora de casa do que junto da família.

É a partir desse item da conversa que iniciaremos a reflexão sobre o perdão: O que leva alguém a querer ficar mais fora de casa do que dentro com sua família? Essa questão é complexa, mas muito intrigante. São muitas as razões que podem favorecer essa realidade. Para tanto, deveríamos refletir sobre como andam as estruturas familiares e quais os desafios, os conflitos que as têm abalado tanto nos últimos tempos.

Seja qual for o motivo, contribui para a nossa reflexão observar que o simples fato de que estar fora de casa pode ser mais divertido, mais atraente, mais livre, mais prazeroso, mais animado, mas também pode ser não tão seguro como estar dentro de casa. Aqui, segurança não deve ser entendida apenas como proteção da violência urbana, mas compreender a casa como um porto seguro, um lugar de aconchego e paz, onde a pessoa pode ser quem ela é de fato. Em muitos casos, estar do lado de fora remete a uma realidade de distanciamento, separação, exclusão, abandono. Há quem prefira ficar longe dos seus e isso é muito triste. O lado de fora pode também levar a uma declaração de não pertencimento, o que seria cruel demais. O que dona Lúcia queria dizer, com palavras tão simples, é que estar dentro de casa, com a família, é bom demais. Estar dentro é estar com o outro, e isso nos leva à confirmação de que, por meio de uma experiência saudável de afeto e acolhimento na família, a vida fica mais fortalecida na solidariedade, na comunhão, no pertencimento, na interação entre todos.

Quando nos colocamos a pensar sobre o caminho do perdão, podemos descobrir que se trata de um processo de sair de fora e voltar para dentro. Sair da atitude de resistência, distanciamento, indiferença, para buscar a reconciliação. O caminho para o perdão é longo, para fazê-lo são necessárias várias paradas para avaliar, ponderar, refletir, discernir, decidir, assumir, porque é longo e exigente. No caminho do perdão, os passos que precisam ser dados nos ajudam a voltar para dentro da própria vida, mesmo que isso nos pareça ser impossível. É possível voltar-se para dentro de si mesmo. Talvez seja impossível voltar para dentro da casa ou do mundo das outras pessoas. Perdão não é para isso mesmo! Perdoar não é uma atitude que nos leva, simplesmente, a dar ou pedir algo em troca, é recomeçar. Recomeçar um novo tempo, um novo ciclo, uma nova jornada. Manter-se no desejo de ficar do lado de fora pode confirmar a estranheza para muitos em relação ao perdão, quando na verdade perdão só causa estranheza para os que nunca se sentiram perdoados.

QUE TAL AVANÇAR NESSA REFLEXÃO?
QUE TAL DARMOS PASSOS PARA ESSE CAMINHO DE VOLTA?

Ao buscar responder a questão, é necessário, primeiro, compreender que o caminho de volta não é para o outro ou para o que é dele. Mas, antes de tudo, significa fazer o caminho para a nossa vida interior. Isso evita de correr o risco de se perder ao buscarmos a felicidade lá fora.

A nossa vida interior precisa de cuidados. Esse cuidado é semelhante ao que realizamos ao cuidar e limpar a nossa casa. Ao limpá-la, não devemos jogar a sujeira para debaixo do tapete, mas abrir as portas para deixar a luz do sol brilhar dentro dela, iluminando os seus cômodos e os lugares mais sombrios. Nessa perspectiva, podemos considerar que a nossa vida interior pode se tornar mais limpa, mais agradável e mais espaçosa. O cuidado que damos a ela e do que nela existe, consiste em preservar os valores que nos mantêm firmes, frente a tantos desafios, os quais tornam a nossa vida muito mais valiosa.

> O ser humano não é movido apenas por instintos, mas também pelos valores... Os valores são as razões que movem o ser humano, incitam-no a adotar um determinado estilo de vida no mundo. Os estilos de vida não são pura causalidade, mas obedecem a uma ordem de valores, a uma ordem intangível que transparece nas boas práticas.[2]

Pensar a nossa vida, como nossa casa, é pensá-la como lugar de acolhimento para os que amamos e para sentir a força da esperança, da alegria e da paz. Para tanto é preciso dar um passo decisivo: amar mais!

Cuidar da vida é uma longa jornada em que atuamos dia a dia na sua construção. Não podemos parar! Continuemos perseverantes na sua manutenção, sempre!

1.2 | O PERDÃO ESTÁ NO AR

> *A esperança não vem do mar*
> *Nem das antenas de tevê*
> *A arte é de viver da fé* [3]

Quanto tempo dura um ano? Isso é até fácil de calcular, mas outras questões nos acompanham também... Quanto tempo dura o perdão?

---

2. TORRALBA ROSELLÓ, Francesc. *Inteligência Espiritual*. Tradução de João Batista Kreuch. Petrópolis: Vozes, 2012, p. 110-111.

3. RIBEIRO, Felipe De Nobrega; SILVA, João Alberto Barone & VIANNA, Hebert. *Alagados, Selvagem?*: Álbum de Paralamas do Sucesso. Londres: Gravadora EMI Records, 1986.

Quanto tempo dura o amor? Quanto tempo dura a felicidade? Nada disso cai do céu! O ser humano merece que tudo aquilo que conquista seja verdadeiramente para o seu bem-estar e daqueles que o cercam. Sabemos que a cada manhã o dia recomeça e que o sol brilha em maior ou menor intensidade, mas sempre vem nos indicar que a esperança está no ar...

A esperança se espalha na paisagem linda e encantadora que podemos ter diante dos olhos: a cor azul do mar e o seu movimento constante, o voo dos pássaros, feito um bailado diário, as nuvens em suas formas que se movem e se transformam. A vida carece desse espetáculo lindo regido por silêncio e sons, nos avisando que o mundo lá fora quer se comunicar com cada um de nós.

Quem tem fé, reconhece tudo isso como ação de Deus em seu favor. Já os que não creem em Deus, nem por isso se desesperam, mas são capazes de constatar que a vida quer falar, contagiar, expandir-se... A vida nos fala de muitos modos! O importante é estar aberto e sempre disponível aos grandes ou pequenos sinais que ela nos oferece, ou melhor, nos presenteia.

A esperança é uma aliada bastante fiel na arte de saber ressignificar, de perdoar e reconciliar-se. Que bom seria se a cada dia refletíssemos mais sobre o perdão, pois ele está ao alcance de todos, bem mais próximo do que percebemos! E assim, nos perguntamos: De que vale uma vida sem liberdade? sem alegria? sem paz? Nada! O perdão pode ser um compromisso com o bem que fazemos em favor de outros e a nós mesmos, tornando-se uma renovação da vida, uma verdadeira libertação.

Certa vez, o Apóstolo Pedro disse a Jesus: "Até quantas vezes devo perdoar, se meu irmão pecar contra mim? Até sete vezes?" Pedro possivelmente conhecia o significado do número sete, mas não o bastante nesse caso. Com sua visão ainda limitada, queria estabelecer um número de vezes para perdoar, ou quem sabe, o prazo para o perdão. Mas, Jesus, com sua sabedoria de Mestre, alarga essa possibilidade de perdão sem recusar a referência ao número sete: "Digo-te não até sete vezes, mas até setenta e sete vezes" (Mt 18,21-22). Na verdade, Jesus pede ao seu discípulo um compromisso com um pacto de paz, um acordo com si mesmo, um compromisso em favor da vida, a começar pela paz interior.

Perdoar não revela o nosso lado mais bonzinho, mas a nossa força. Perdoar setenta e sete vezes nos fortalece e nos faz vencedores. É uma virtude dos fortes poder perdoar, que requer equilíbrio e determinação. Sobre isso o escritor Francesc Torralba diz que o equilíbrio interior ou a tranquilidade da alma não é por acaso, não é uma casualidade, nem um resultado inesperado, e acrescenta:

> Exige um intenso empenho, pois o próprio do viver é o movimento e a mudança, e alcançar a equanimidade e a paz de espírito não é uma tarefa simples.[4]

A grande arte de saber viver requer o equilíbrio emocional para que saibamos expressar nossas emoções e sentimentos, manifestando-os adequadamente. Com isso, podemos dizer que o empenho de buscar o que favorece a nossa paz interior, o equilíbrio emocional e a tranquilidade da alma pode ser uma grande motivação para transformar a vida em um projeto de bem viver. Na verdade, falta saber viver mais humanamente, deixar o melhor da nossa natureza humana se expressar e revelar o que há de essencial em nós.

Perceber que o amor, a felicidade e o perdão estão no ar é fundamental para aproveitar a vida como um campo de possibilidades. Viver é um dom único, pessoal, irrepetível e intransferível.

Não estamos prontos! Sabemos que muitas de nossas habilidades nem são colocadas em prática ao longo da vida, que todas as oportunidades não são alcançadas, que muitas competências não são desenvolvidas por conta de muitas restrições ou resistências que nos impedem de crescer. Isso se deve ao fato de que o ser humano está intimamente ligado às suas motivações internas e externas, com sua realidade, ou seja, o ambiente e o contexto em que vive e convive.

Cada pessoa conhece as suas capacidades bem como seus limites. Quando falamos em perdão, a solução ou a cura que ele proporciona é

---

4. TORRALBA ROSELLÓ, Francesc. *Inteligência espiritual*. Tradução de João Batista Kreuch. Petrópolis: Vozes, 2012, p. 220.

ainda temida por muitos, não porque não a desejam, mas porque muitas vezes não sabem como fazer.

Passa pela cabeça muitos questionamentos, os mais frequentes são: será que aquela pessoa merece o meu perdão? O que faço com tudo o que ela me fez? E se eu quiser perdoar e ela não corresponder ao meu desejo? Sim, tudo pode parecer difícil mesmo. É muito cruel saber que a lealdade foi ignorada, que o amor foi esquecido, que a honestidade foi corrompida... É cruel saber que pode se instalar em nós os sentimentos de culpa, medo, indiferença, rejeição, além de outros ainda piores, ódio, raiva, rancor... Não podemos temer possíveis erros, nem tampouco querer acertar sempre. Quando falamos em perdão, estamos mergulhando no mistério da restauração dos vínculos e fortalecimento dos laços afetivos que nos unem.

Pense que o perdão pode se tornar um risco! Não um risco de ganhar ou perder, mas o risco de crescer! "Vivendo e aprendendo a jogar.[5] Viver é um jogo que não se joga só. Ao longo de toda a vida, a partida é complexa, aberta e abrangente... Sempre contamos com mais um que chega, também tem alguém que sai, outros desistem, mas permanecem por perto. É um jogo que não tem limites quanto ao número de jogadores, nem de partidas... Mas deixando de lado essa alegoria esportiva, falemos da vida.

Viver e conviver fazem parte de um processo que requer um verdadeiro planejamento, que envolve construir o nosso projeto de VIDA. Nesse processo, precisamos dar voz ao coração e sair em busca de tudo que nos leve a uma vida com mais sentido e leveza. O importante é saber viver o presente com sabedoria para poder refletir sobre o passado e projetar um futuro com menos resíduos de sentimentos autodestrutivos que, mesmo parecendo distante ou incerto, chegará. E pode chegar mais leve, mais tranquilo, mais repleto de vida nova.

O que nos mantém perseverantes nessa jornada é saber que a esperança nos rodeia e nos envolve na sublime tarefa de saber amar e perdoar. A esperança nos ajuda a perceber que o perdão está no ar!

---

5. ARANTES, Guilherme. *Vivendo e aprendendo a jogar*. Álbum de Eliz Regina. São Paulo: Odeon Records, 1980.

Vamos prosseguir sem medo de caminhar, de crescer e de se jogar na vida, feita um tabuleiro, uma arena ou uma quadra, não importa! O importante é não perder o foco nos movimentos, recomeçando, diariamente, com mais entusiasmo, mesmo que seja para o mesmo jogo. Hellinger (2006) psicoterapeuta alemão, em sua obra de constelações familiares, diz:

> Mas quem joga muito tempo
> e muitas vezes ganha
> e muitas vezes perde
> torna-se, em ambos os lados,
> um mestre.[6]

Ninguém nasce mestre em pedir perdão ou perdoar! O conhecimento se constrói com o tempo, a experiência abre a consciência e o caminho para o perdão acontece quando se decide ir em busca de um recomeço, sem dor, sem sofrimento, sem mágoas ou sem ressentimentos. Quando sozinho parecer ser mais difícil, não se pode desistir, nem se abandonar à insegurança, à vergonha ou ao medo de prosseguir no caminho da reconciliação para entender o verdadeiro significado do efeito terapêutico do perdão no resgate da saúde emocional, psíquica e espiritual.

A prática do perdão possibilita avançar rumo à paz interior, a transcender as circunstâncias dolorosas trilhando um caminho de escolha curadora. Não se trata de querer alcançar apenas o bem-estar, mas uma vida saudável e possível de ser vivida.

---

6. HELLINGER, Bert. *No centro sentimos leveza*: conferências e histórias, 2. ed. Tradução de Newton de Araújo Queiroz. São Paulo: Cultrix, 2006, p. 58.

2 | A Terapia Comunitária do Perdão (TCP)

Há, em nossos dias, uma explosiva e incontrolável proliferação do ódio, da intolerância, do preconceito, da raiva e do rancor, bem como de emoções que destroem as relações humanas e desfiguram o próprio ser humano, sufocado com o tormento da culpa e do sofrimento.

A vida nos propõe oportunidades para viver e conviver de forma saudável, e nos leva a buscar, com liberdade, a felicidade. Podemos aprender a amar e perdoar para que tudo em nossa vida passe a ter sentido.

Está provado que a vulnerabilidade e a insegurança existencial podem levar as pessoas a experiências tristes e desastrosas. É urgente cuidar da vida como um bem precioso e que vai além das experiências limitadas que não possibilitam a convivência saudável, superando a sensação de desencanto e a indiferença ao outro. Todo ser humano é digno de respeito, pois a "conexão empática envolve conectar-se com o que está vivo na outra pessoa agora".[7]

2.1 | UMA CONVERSA A DOIS OU MAIS...

A leveza da vida está fundamentada na construção de relações saudáveis e possíveis em que podemos juntar as experiências das interações e dos encontros e resgatar a importância de perceber o outro com um renovado olhar, sem nos perdermos de nós mesmos.

---

7. ROSENBERG, Marshall. *Vivendo a comunicação não verbal*. Tradução de Beatriz Medina. Rio de Janeiro: Sextante, 2019, p. 177.

Nas relações o que queremos experenciar se torna revelação do que temos para oferecer e do que realmente somos quando agimos com consciência. Nelas se confirmam a nossa responsabilidade e fidelidade no que de fato buscamos.

Na construção das relações entra-se em contato consigo mesmo, mas sentindo o que acontece ao redor e acolhendo todos os sentimentos para caminhar ao encontro das necessidades que tornam possível a paz. Nessa dinâmica o caminho para o perdão é uma experiência de diálogo com o que conquistamos. O diálogo entre duas ou mais pessoas leva ao fortalecimento do amor, estando próximo ou distante do outro. Para isso o caminho do perdão nos ensina que o mundo e a nossa vida pedem um pouco mais de calma.

2.2 | QUANDO PRECISAMOS DE AJUDA?

Precisamos de ajuda sempre! Precisamos de ajuda em diversas dimensões e momentos de nossa vida, sobretudo, quando precisamos iniciar um processo de reconquista do equilíbrio emocional em vista da busca de paz interior e do bem-viver. Esse processo requer olhar para as condições de sua realidade, tudo o que favorece ou impede de conquistar a sua paz interior para evoluir na relação consigo mesmo e com o outro. Dentre o que impede essa conquista muitas vezes está a ausência de perdão que não permite ao ser humano evoluir. Uma alternativa para superar a falta de prática do perdão, para despertar a disponibilidade de abraçar o presente e de perdoar o que pertence ao passado, é a Terapia do Perdão.

A Terapia Comunitária do Perdão é um modelo terapêutico com a proposta de formação de grupo com o qual se desenvolve, por meio da reflexão e da prática do perdão, o processo de superação dos danos e sofrimentos causados por situações conflitantes. Essa proposta segue os princípios da Terapia Comunitária Integrativa.[8] A Terapia Comunitária Integrativa é um espaço de acolhimento e partilha, onde as pessoas fa-

---

8. Dr. Adalberto Barreto, professor brasileiro; doutor em Psiquiatria e Antropologia; criador da Terapia Comunitária Integrativa, com uma metodologia de abordagem comunitária e autor de várias obras, dentre elas: *Quando a boca cala os órgãos falam...* Desvendado as Mensagens dos Sintomas, 2012.

lam de suas dores, desafios e problemas, e, de forma fraterna e solidária, considerando a potencialidade dos envolvidos no processo terapêutico, buscam o cuidado e a educação emocional, como caminho para restauração da vida, para bem viver e conviver.

O grupo pode ser formado por membros de uma família, por casais, amigos ou pessoas interessadas na prática do perdão.

O modelo terapêutico, proposto para a Terapia Comunitária do Perdão, por meio da fala e da escuta ativa diante dos sentimentos, inquietações e sofrimentos compartilhados no grupo, promove a interação e integração entre os participantes e junto aos contextos familiares e sociais. A partilha em grupo e as estratégias de superação dos conflitos internos e relacionais geram uma rede de apoio nas famílias e comunidade.

O programa que propomos aqui está pautado na compreensão do significado do perdão como caminho de reconciliação, na ressignificação de experiências traumáticas, no resgate da saúde emocional e espiritual. Para isso, todos os passos iniciáticos e permanentes ocorrem a partir do reconhecimento e explicitação do dano causado e vivido, podendo gerar sofrimento, até chegar à ritualização do perdão.

O terapeuta

Profissional capacitado para a escuta ativa e reflexiva que interage e favorece a partilha dos sentimentos e experiência de vida de cada participante, em grupos. Valoriza o esforço pessoal e a disponibilidade comunitária de formar uma rede solidária do perdão. Acolhe, escuta e acompanha o desenvolvimento dos participantes ao longo de todo do processo.

O grupo

Cada participante dá voz aos seus sentimentos e se empenha no processo de construção coletiva e solidária do perdão como responsabilidade relacional baseado no princípio da dignificação do perdão, um dos pilares da Terapia Comunitária do Perdão.

Os efeitos terapêuticos do perdão

> O valor terapêutico e reconciliador do perdão é central para restabelecer as fraturas da relação do ser humano consigo mesmo, com os outros, com a natureza e com Deus.[9]

À luz da espiritualidade cristã, que nos ajuda a compreender e preservar no caminho da conversão, a prática do amor fraterno e da superação do sofrimento nos motiva para o exercício do perdão. Pode-se dizer que não existe condição nem número limitado de vezes para se perdoar: *"Digo-te, não até sete vezes, mas até setenta e sete vezes"* (Mt 18,22). Perdão e amor se combinam porque favorecem a reconciliação.

O perdão reconcilia e cura. Entre perdoar e curar existe um estreito vínculo que se revela na busca da reconciliação, trazendo de volta a cada indivíduo o dom da harmonia e da paz aos corações. Quem tem um coração ferido e sofre, vive prisioneiro de uma dor que vai além da dor física. Com as relações fragmentadas, divisões e exclusões, sentimentos de culpa, impotência, desamparo, medo, fraqueza emocional e espiritual, o prejuízo da dor pode tomar uma proporção devastadora. O sofrimento se arrasta e a vida vai perdendo seu sentido.

O perdão é o resgate para uma vida que ganha um novo sentido. Esforço que requer humildade e aceitação do que pode ser transformado. A reconciliação potencializa a saúde espiritual gerando equilíbrio interior e sinais de comunhão.

2.3 | OS PILARES DA TERAPIA COMUNITÁRIA DO PERDÃO

A Terapia Comunitária do Perdão é um processo gradual e permanente de acompanhamento do grupo para favorecer a partilha dos

---

9. PALAORO, Adroaldo. *O efeito terapêutico do perdão*, 2017. Disponível em: https://centroloyola.org.br/revista/outras-palavras/espiritualidade/154-o-efeito-terapeutico-do-perdao. Publicado em: 16 de maio de 2013. Acesso em: 30 de maio de 2019.

efeitos terapêuticos do perdão. Acontece num espaço coletivo e está fundamentada em quatro pilares: o pensamento sistêmico, a teoria da comunicação, a resiliência e a dignificação.

Pensamento sistêmico: O pensamento sistêmico é uma habilidade de entender os fatos não apenas em si mesmos, nem somente a partir de si mesmo, mas em relação ao contexto, ao momento, às outras pessoas e tudo que está envolvido numa determinada situação. O todo é mais importante do que as partes. Ainda que sejam respeitadas as singularidades e peculiaridades de cada pessoa, ela está inserida em um sistema, seja ele familiar, conjugal ou social. Assim, o todo deve ser considerado.

Comunicação: O ser humano é um ser em relação. A comunicação é o elo que favorece o convívio entre as pessoas, estabelece relações saudáveis e sustenta a harmonia de todo o sistema. Toda a palavra é carregada de vida e sentimento. Portanto, a comunicação é o fator fundamental para estreitar os laços e restaurar os vínculos familiares, como também no meio social.

Resiliência: Capacidade de lidar com os próprios problemas, de viver, conviver e sobreviver, sem ceder à pressão dos problemas que geram dor e sofrimento. Uma pessoa resiliente é capaz de superar momentos difíceis e de recomeçar. A palavra resiliência vem do latim: *Resilire*, que pode ser traduzida como "saltar de volta", "de novo" ou "outra vez". Podemos dizer que resiliência é voltar atrás e ser capaz de se recuperar depois de um golpe.

Dignificação: O termo está empregado no caminho do perdão como a possibilidade do ser humano dignificar-se na generosidade, na empatia, na solidariedade... também no ato de dignificar o outro, considerando-o digno de respeito, valorização, acolhimento e perdão. É o ato de reconhecer(se) como ser humano, capaz de transformar-se. E no crescimento espiritual, capaz de Deus.

3 | A METODOLOGIA NA TERAPIA COMUNITÁRIA DO PERDÃO

O processo se dá em duas grandes etapas: os passos iniciáticos, realizados em dez sessões, e os passos permanentes, caminho de crescimento pessoal e de preservação de si mesmo diante de novos fatos que podem se tornar destrutivos, mas não podem se instalar na vida da pessoa.

3.1 | PASSOS INICIÁTICOS

Os passos correspondem a dez sessões que são desenvolvidas numa roda terapêutica de conversa que dura uma hora e meia. Cada sessão está estruturada em três momentos:

- ✓ Acolhimento e apresentação do tema para a partilha.
- ✓ Identificação de passos, por meio da contextualização e problematização.
- ✓ Encerramento, tarefas terapêuticas e conotação positiva.

- **Primeira sessão:** Quais são as dificuldades em perdoar? Identificar os sentimentos negativos que podem prejudicar a realização do processo. – BUSCA
- **Segunda sessão:** Saber discernir. É tempo de assentar a poeira para refletir sobre a origem do fato. – O que de fato aconteceu? O que nos faz reféns desses sentimentos? – DISCERNIMENTO

29

- **Terceira sessão:** A dor é sua. – É urgente travar uma batalha. Não contra alguém, mas contra os sentimentos negativos instalados. – Rever a história a partir de si mesmo. – AUTOCONHECIMENTO
- **Quarta sessão:** A dor é sua. – A restauração começa a partir de si mesmo, mas é preciso rever a história a partir do outro. – Rever a história a partir do outro. – AUTOCONHECIMENTO
- **Quinta sessão:** A libertação. – Sair do mundo da ilusão para o real. – O ideal nos distancia de nós mesmos; buscar a sintonia com a própria realidade – AUTOACEITAÇÃO
- **Sexta sessão:** Cuidar-se para o Amor. – Como se posicionar diante das possibilidades? Deixar de pensar somente nas limitações. – AUTOCONTROLE
- **Sétima sessão:** Restauração – O que há de original em mim? Reconhecer a importância de se fazer o caminho de volta ao essencial. – AUTONOMIA
- **Oitava sessão:** Determinação – O perdão é uma conquista – Despertar para a verdade que é o outro... DECISÃO
- **Nona sessão:** Reconciliação. – Reconectar-se com o outro, com si mesmo e com o universo. – DIGNIFICAÇÃO
- **Décima sessão:** Novos passos são necessários. – Atenção para os sentimentos recorrentes. O caminho se torna permanente... Muitas buscas, muitas respostas. – AUTOAVALIAÇÃO

3.2 | PASSOS PERMANENTES

Com a Terapia Comunitária do Perdão (TCP) toda pessoa pode se tornar capaz de identificar os momentos extraordinários de sua vida na experiência do encontro com o outro; fortalecer-se para construir ou reconstruir relações saudáveis e possíveis; restaurar laços; abrir-se para novas possibilidades de restauração, reconciliação e confiabilidade de vínculos afetivos; acreditar e investir no próprio potencial como ser humano e na possibilidade de mudança. Uma profunda "metanoia", mudança de pensamento e de comportamento.

Os efeitos positivos alcançados na TCP se estendem para a vida, para outros contextos e relacionamentos. Mais resilientes, os participantes alcançam maior desempenho na família e ambiente de trabalho, tornando-se pessoas capazes de superar as adversidades com criatividade, flexibilidade e responsabilidade.

Fortalecida pelo processo que se torna permanente, a pessoa torna-se capaz de crescer sem reprimir sentimentos negativos que causam males orgânicos, psíquicos e sociais. Abre-se para viver a vida não vivida, gerando, em suas palavras e atitudes, gestos de generosidade, gratidão e compaixão.

PARTE II

O ROTEIRO PARA TERAPIA COMUNITÁRIA DO PERDÃO

70 × 7 | O EFEITO TERAPÊUTICO DO PERDÃO

"Daquilo que considéramos pedaços de nós,
Deus constrói uma nova realidade."

PRIMEIRA SESSÃO

DIFICULDADES EM PERDOAR

PRIMEIRO PASSO
no processo terapêutico para a prática do perdão

IDENTIFICAR O DANO

É muito importante dar tempo ao tempo para podermos esclarecer qual foi o motivo gerador de um dano, ou seja, de um prejuízo emocional capaz de desencadear o sofrimento que perdura por tanto tempo na vida de uma pessoa.

- *O que vem a ser esse dano?*

Dano pode ser entendido, aqui, como causa de tanta dor, sofrimento, angústia e repulsa ao perdão... Buscar uma nova maneira de interpretar o significado ou a importância da dor que este acontecimento causou é fundamental para se iniciar um caminho para o perdão.

É comum refletir sobre a origem do fato **a partir do outro**, como quem busca um culpado transformando em um inimigo-alvo o causador de tanto sofrimento. Porém, não é saudável conviver com esta postura por muito tempo.

- *Vamos fazer um exercício reflexivo*

Voltemos ao passado, a um fato que nos causa certo desconforto e nos leva a pensar em perdão. Voltemos ao cenário do acontecimento...

Pensemos no lugar, nas pessoas envolvidas, nas palavras ditas, nos olhares, nas reações, nas indiferenças e nos outros elementos que considerarmos importantes...

- **Agora reflitamos sobre o que sentimos**

QUAL SENTIMENTO FOI ESSE?

RAIVA   MÁGOA   ÓDIO   RANCOR   MEDO   VERGONHA

- **O que desejamos ao outro**

O castigo para o culpado, desprezo ao agressor, vingança, justiça, reparação,...?

Houve envolvimento de terceiros? Familiares, amigos, religiosos, advogados, desconhecidos,...?

Nossa escolha

O que decidimos levar para a nossa vida? Nossa decisão se fundamentou em que tipo de regras: moral, social, religiosa, familiar, cultural...?

Construindo um novo cenário

Neste novo cenário temos apenas um espelho para se olhar, descobrir sinais do que está de fato gravado em nós e do qual precisamos nos libertar. Por que é tão difícil perdoar?

Para começar, isso é muito importante! Precisamos voltar ao fato para juntarmos todos os detalhes que ajudarão na reflexão e na prática do perdão. Mesmo que repensar o ocorrido nos cause sofrimento, não podemos desistir! Na verdade, só se cura uma ferida ainda aberta, olhando bem para ela e sabendo exatamente como tratá-la, pois na verdade o que se espera é que ela desapareça em breve.

A cura vai depender do tempo necessário para sair da experiência da dor e sofrimento e resgatar o bem-estar físico e emocional.

Há feridas abertas que só serão curadas com o perdão.

O QUE É PERDOAR?

Perdoar – é um processo único e pessoal de restauração, de libertação em vista do fortalecimento do processo intra e inter-relacional.

Perdoar significa ouvir o silêncio que fala e ser capaz de ouvir a voz de um coração disponível a mudar para se renovar. As consequências de um dano emocional são dolorosas e permanentes até que se tome providências para buscar uma nova condição, uma nova realidade, uma nova maneira de enxergar a vida...

Um bom exemplo está na determinação de um alpinista. Realizar a subida até o topo de uma montanha vai exigir uma programação dos passos a serem dados.

> Um alpinista deseja alcançar a meta, mas antes se programou para a subida. Com certeza, pensou nos passos, nas paradas, nos desafios e na aventura de seguir em busca de seu objetivo.
> Lembre-se! Todo alpinista que deseja alcançar o alto de um monte deseja também descer... Voltar para o seu mundo, sua realidade, sentindo-se vitorioso, capaz, completo. Deseja voltar para o seu "eu", ao interior de si mesmo, agora bem mais incentivado a continuar, repetir a façanha de alcançar o impossível.

Refletir sobre tudo isso é o passo mais importante para o início da subida em direção ao alto do monte (a meta). Decidir perdoar requer alguns passos para se chegar ao lugar e momento da celebração do perdão – o encontro.

No primeiro passo, não é aconselhável tomar atitudes impensadas como conversar com a pessoa considerada responsável pela dor causada, pelo sofrimento devastador. Calma! Ainda é apenas o começo do processo... É o início da subida... Paciência e esperança serão grandes companheiras da caminhada.

Tomar a decisão de tentar resolver a situação sem refletir pode ser uma atitude precipitada e pode tornar essa possibilidade ainda mais limitada. É urgente refletir muito para conseguir relacionar-se com as muitas fraquezas humanas. Obviamente, é muito doloroso ser injustiçado. Muitos pensam que já sofreram demais, que o tempo não vai apagar o que aconteceu e que precisam e merecem ser recompensados pelo que aconteceu... Isso tudo é verdade, mas, deixar de prosseguir nos passos para a reconciliação não é saudável. Interromper a caminhada já no seu início por uma motivação interna de aflição também não será uma solução adequada.

É urgente olhar para a vida e perceber que um conflito é gerado por múltiplas variáveis, internas e externas, prejudicando o processo de comunicação e a qualidade de vida social e emocional.

São variáveis internas:

Identidade; autonomia; valores e crenças; tolerância; processo de comunicação; modelos de vida e regras para uma boa convivência.

Variáveis externas:

Mudanças nas expectativas sociais, políticas, religiosas e econômicas; sexualidade; rituais e crenças na vida conjugal e familiar; flexibilidade dos valores étnicos, raciais e religiosos.

Tais variáveis contribuem para a construção de relacionamentos saudáveis ou dificultam a harmonia da vida, seja ela religiosa, profissional ou sociocomunitária.

Para prosseguir no caminho, entendamos o que esse primeiro passo nos propõe:

✓ Refletir sobre a origem do fato.
✓ O que causou um possível dano emocional.
✓ Se alguém o feriu, tenha a certeza de que essa pessoa estava em desarmonia no momento em que agiu de forma impensada, violenta, injusta... iniciando a crise, produzindo dor e sofrimento, gerando um conflito.

Não se sinta incapaz antes de iniciar o caminho. Não desista antes de tentar todas as possibilidades... **Ande com fé!** Uma boa opção para essa motivação é ouvir e cantar a canção "Se eu quiser falar com Deus", de Gilberto Gil, que está em seu álbum: *Luar*, de 1981, pela Gravadora Warner.

COMPROMISSO

Vamos nos comprometer com o exercício da ESCUTA ATIVA

Encontre um momento, diário ou semanal, para a sua tarefa terapêutica.

Procure um local adequado para o seu silêncio.

Tente se escutar: Recolha a mensagem que vem com seus pensamentos e sentimentos.

Inicie a sua reflexão e compromisso:

QUAIS DIFICULDADES ME IMPEDEM DE PERDOAR?

QUAIS SENTIMENTOS NEGATIVOS TÊM ME ABALADO NOS ÚLTIMOS TEMPOS?

1. Anote suas respostas para verificar o desenvolvimento de seu crescimento em vista dos próximos passos.
2. Alegre-se com a conquista de ter iniciado o processo de buscar uma vida mais leve no caminho para o perdão.
3. Registre a sua palavra ou frase motivadora:

_____

_____

_____

_____

_____

Vamos dar um passo a mais...

SEGUNDA SESSÃO

SABER DISCERNIR

SEGUNDO PASSO
no processo terapêutico para a prática do perdão

ASSENTAR A POEIRA

Depois do primeiro passo o que se deve fazer é continuar caminhando para alcançar tranquilidade e adaptar-se ao estresse causado pelo desequilíbrio emocional. Isso será possível abandonando as atitudes rígidas e destrutivas para construir um novo estilo de vida com atitudes saudáveis. O poder das atitudes positivas e flexíveis da vida geram benefícios incomensuráveis na vida de todo ser humano.

Mas o que é atitude positiva?

Pode-se dizer que atitude é a postura psicológica que o indivíduo adota revelando características do seu comportamento. As atitudes são resultados de diversos fatores que o influenciam, tais como: culturais, realidades socioeconômicas, ambientes, fisiobiológicos, psicológicos, religiões, crenças familiares e, possivelmente, até genéticos.

O que são atitudes positivas e flexíveis?

São aquelas que permitem uma adaptação adequada às diversas circunstâncias em que o indivíduo pode se encontrar. Assentar a poeira significa refletir sobre os sentimentos negativos ou problemáticos como, por exemplo, a raiva ou a hostilidade.

A raiva se manifesta como uma expressão emocional imediata, toda vez que a pessoa se sente ameaçada. Se manifesta como reação de protesto, insegurança, frustração ou aversão contra alguém ou alguma coisa, quando se sente ferida, ofendida, intimidada, atacada... A raiva pode se tornar um sentimento negativo, quando se instala de forma permanente na vida de uma pessoa, e pode gerar atitudes negativas que vão prejudicar e desestabilizar o equilíbrio emocional. Com isso, pode-se retardar o processo de restauração da vida e o resgate de vínculos destruídos ou fragilizados.

Vamos pensar:

✓ O que nos faz reféns e impotentes diante da necessidade de construir uma nova maneira de viver com a nossa dor?
✓ Como lidamos com isso nos últimos tempos?
✓ Nossa dor tem se arrastado e desenvolvido muito sofrimento?

Saiba discernir

O QUE ENTENDEMOS POR RAIVA? ÓDIO? MÁGOA?
DOR É O MESMO QUE SOFRIMENTO?

Sobre raiva já falamos um pouco, mas é importante entender o que representa a mágoa e o prejuízo que ela pode causar. Mágoa é um sentimento de pesar, desgosto, um ressentimento que se instala com sensação de amargura e tristeza. Com o passar do tempo, a mágoa vai tirando a alegria de viver e de conviver, pode levar o indivíduo ao isolamento, provocando até mesmo uma possível depressão. A raiva passa, mas a mágoa perdura por dias, meses, anos... E isso se deve ao fato de que a dor foi se transformando em sofrimento.

Se, por um lado, o sofrimento é próprio do existir humano como experiência pessoal e única, podendo fazer a pessoa crescer, por outro, pode fazer com que ela se sinta desvalorizada, esquecida, isolada e com a sua autoestima prejudicada. Aquele que se deixa levar por uma vida de sofrimento, geralmente, tem atitudes pessimistas podendo, até, se comportar de forma vitimista, não conseguindo se conectar com sua saúde psíquica e com grande dificuldade de se reerguer diante dos fracassos e derrotas.

Há quem pense assim:

O outro não me ajuda a levantar... Não faz nada por mim... Deixou-me nessa situação e não reconheceu o seu erro... Tornou-me vítima da situação e ainda quer o meu perdão...

Para dar o segundo passo, é necessário olhar para a origem do dano a partir de nós mesmos para fazer a transição do OUVIR para o ESCUTAR, do VER para o ENXERGAR!

OUVIR é um processo biológico, uma capacidade humana. **ESCUTAR** é um processo voluntário. Está carregado de intenção, de vontade própria que leva a uma escolha consciente, querer escutar!

O mesmo vale para **VER** e **ENXERGAR.** Em tempos conturbados em que viver é um desafio, o ser humano está desafiado a vencer barreiras que se consolidam com a resistência de não querer enxergar, de lançar um olhar mais abrangente sobre os fatos. A dificuldade de enxergar, como de não escutar, aumenta a incapacidade de não encarar os desafios. Por muitas vezes, até por conta de um orgulho escondido, gerando sombras que impedem alcançar a verdade.

Veja o que diz na letra da canção "Noturno", interpretada por Fagner, sobre marcas deixadas com o tempo, possivelmente pela resistência de não querer enxergar e a dureza nas palavras.[10]

---

10. GRACO, Caio Silvio. *Noturno, Beleza*: Álbum de Fagner. New York: Gravadora CBS, 2005.

Identificando os sentimentos

Diante de um conflito: O QUE FAZER?

Vamos dar a nós mesmos a oportunidade de rever as decisões, as atitudes... É necessário um pouco mais de tempo e calma.

Diante da pergunta de sempre: O que DEVEMOS FAZER?

Vamos deixar que o coração nos indique uma possibilidade de mudança, de crescimento. Se, possível, resgatemos motivações internas: Eu posso! Eu quero!

Deixemos o coração se perguntar: O que realmente QUEREMOS FAZER?

Tentemos perceber que o prejuízo ou sofrimento não está no outro, mas em nós. Pode até ser que alguém, também, esteja sofrendo... Isso é possível, mas somos nós que estamos no caminho para a restauração em vista de uma vida emocional saudável.

COMPROMISSO

Vamos nos comprometer com o tempo de assentar a poeira para refletir sobre o que de fato aconteceu?

Encontre um momento, diário ou semanal, para a sua tarefa terapêutica.

Procure um local adequado para o seu silêncio.

Tente se escutar: Recolha a mensagem que vem com seus pensamentos e sentimentos.

Inicie a sua reflexão e compromisso:

COMO ESCUTO E ENXERGO TUDO ATÉ AQUI?

QUAL É MEU REPERTÓRIO DE LAMENTOS, SOFRIMENTOS, CONFLITOS E DORES...?

1. Continue anotando suas respostas para registrar e avaliar o seu desempenho no processo.
2. Registre a sua palavra ou frase motivadora:

_____

_____

_____

_____

_____

_____

_____

_____

Vamos dar um passo a mais...

TERCEIRA SESSÃO

A DOR É SUA

TERCEIRO PASSO
no processo terapêutico para a prática do perdão

TRAVAR UMA BATALHA... REVER A HISTÓRIA A PARTIR SI MESMO

Depois do segundo passo, tão importante para perceber que o perdão pode contribuir para uma nova vida, chegou o momento de encarar os desafios e aceitar que se o dano é permanente, por que não se pode passar uma borracha por cima? A dor é uma experiência pessoal.

O QUE ENTENDEMOS POR DOR?

É urgente aprender a lidar com a dor. Ficar, a todo tempo, pensando no culpado por ela dificulta a capacidade de se olhar e decidir mudar a partir de dentro.

Quando se percebe que o dano é permanente, o risco de culpar alguém, por toda a vida, chega a ser inevitável, mas isso é fatal! Tentar aprisionar o suposto culpado na mente faz de você um companheiro de cela.

O caminho correto é deixar de culpar o outro e abandonar a resistência de acreditar que a responsabilidade de seguir em frente é uma escolha pessoal. Afinal, o processo de conversão é pessoal, portanto deverá ser uma opção, uma livre-decisão, uma vontade profunda de se conhecer e se libertar.

Embora seja adequado identificar um culpado em certas circunstâncias, não é saudável manter a ideia de que uma pessoa pode impedir a outra de seguir em frente, de caminhar e conquistar uma nova realidade em sua vida.

O perdão não fará tudo voltar a ser igual como antes, mas pode tornar muito melhor o tempo novo que nasce com ele.

Seguir em frente é travar uma batalha. Uma batalha com a vida!

Dia e noite, constatamos que existe vida por todos os lados. Seja na agitação dos dias, no corre-corre das pessoas, ou no silêncio da noite. É possível perceber que existe vida pulsando em nós. Sabemos que existem pessoas capazes de travar uma batalha com a vida sem se importar com o tempo que passou, mas confiantes nas possibilidades que virão... Como se dissessem a si mesmas: não temos tempo a perder.

Acreditar que a responsabilidade de seguir em frente é sua faz com que você se torne um vencedor na batalha... Rever a história a partir de si mesmo é uma grande contribuição para o autoconhecimento.

O terceiro passo para a realização do perdão consiste nessa batalha com a vida, nunca contra as pessoas. É tempo de buscar uma mudança que começa no modo de pensar, falar e agir.

A batalha não é contra pessoas, mas sim contra:

✓ O que pensamos.
✓ O que falamos.
✓ O que fazemos.

PENSAR – FALAR – AGIR são parâmetros para avaliar o nosso equilíbrio emocional. Quando saímos do eixo, mudamos a ordem e corremos o sério risco de errar... Se agirmos sem pensar, podemos prejudicar todo o processo de crescimento relacional. Assim como a palavra e a ação, o pensamento tem poder.

É muito importante saber identificar os impulsos que podem gerar riscos nos relacionamentos. Agir com coerência, além de manter o que há de essencial na pessoa, garante conquistas e grandes avanços.

> Gabriel o pensador, poeta e intérprete da música "Se liga aí. Seja você mesmo", manda um recado muito oportuno. Vale conferir![11]

É urgente buscar no dia a dia um tempinho para refletir sobre como estamos lidando com o que pensamos, falamos, agimos... Como andam nossas relações, sejam elas: conjugal, parental, filial, fraternal? Precisamos nos ouvir mais! Para isso, precisamos de um tempo para o silêncio... Tempo para ouvir o próprio silêncio. Sim! O silêncio interior, escondido no íntimo de cada pessoa é capaz de ajudar na compreensão do modo de pensar, falar e agir. O comportamento humano pode ser moldado pela capacidade de se enxergar e escutar.

---

11. GABRIEL O PENSADOR; LIMINHA & LIMA, Ana. *Se liga aí. Seja você mesmo*: Álbum de Gabriel o pensador. New York: Gravadora Sony, 2001.

COMPROMISSO

Vamos nos comprometer com a mudança que começa no modo de pensar, falar e agir.

Encontre um momento, diário ou semanal, para a sua tarefa terapêutica.

Procure um local adequado para o seu silêncio.

Tente se escutar: Recolha a mensagem que vem com seus pensamentos e sentimentos.

Inicie a sua reflexão e compromisso:

BUSQUE SE ENCONTRAR NAS SUAS LEMBRANÇAS, PALAVRAS, GESTOS E ATITUDES.

O QUE VOCÊ PENSA DE SUAS ATITUDES POR IMPULSO?

COMO MANIFESTA SEUS SENTIMENTOS?

1. Anote suas respostas para verificar seu empenho em travar uma batalha contra os sentimentos negativos instalados em você.
2. Registre a sua palavra ou frase motivadora:

Vamos dar um passo a mais...

QUARTA SESSÃO

A DOR É SUA... REVER A HISTÓRIA A PARTIR DO OUTRO

QUARTO PASSO
no processo terapêutico para a prática do perdão

REVER A HISTÓRIA A PARTIR DO OUTRO

É urgente buscar o que existe ainda de original em nós como quem procura fazer uma verdadeira e profunda restauração de nossa história de vida. Não podemos mudar o passado, mas podemos cuidar do presente e nos encontrarmos na própria história. A restauração de nossa história começa a partir de nós mesmos, um movimento interno que nos leva a lançar um olhar para fora, para o outro.

O quarto passo consiste em pensar em tudo o que aconteceu e, com humildade, enxergar o outro como pessoa e não como "culpado", o causador de tanta dor. É importante afastar-se do fato que nos causou dor e sofrimento para ampliar o foco sobre o outro. Se alguma pessoa nos causou um sofrimento emocional, precisa ser identificada, não prioritariamente por aquilo que ela representa, mas por aquilo que ela revela ser. Uma pessoa pode fazer mal a outra, pode ser o causador de um sofrimento emocional, social, espiritual e físico, mas, mesmo assim, não podemos deixar de reconhecer que a dor é nossa!

Um problema em relação a uma pessoa pode nos impedir de enxergar a verdade sobre ela. É fundamental pensar no processo de libertação da dor e do sofrimento, refletindo mais sobre quem somos, o que representamos ser para as outras pessoas. Como as pessoas nos veem?

Eis uma grande pergunta:

QUEM SOU EU PARA OS OUTROS?

E mais:

- ✓ O que há de original em mim?
- ✓ Qual é meu propósito de vida?

Como podemos responder? Para isso precisamos pensar...

- ✓ O que busco fazer.
- ✓ O que quero fazer.
- ✓ O que posso fazer.

Diz o ditado popular: "Roupa suja se lava em casa". Essa expressão sugere uma conversa reservada, fraterna, a sós! Pois roupa suja não está para ser analisada (quem é o culpado?), mas sim para ser lavada!

Lavar: tornar limpo outra vez

Depois de identificar o que nos torna reféns dos nossos sofrimentos, podemos avançar na caminhada e nos perceber como um agente ativo da própria autonomia para compreender as escolhas, encontrar e confirmar a atual posição nas relações e não sermos condicionados de forma negativa por tudo que acontece, gerando dor e frustração.

Precisamos olhar um pouco mais para **O OUTRO...** O convívio social requer um posicionamento: Quem sou eu diante de tudo o que se passa em minha vida?

Se o nosso comportamento é moldado pela capacidade de se enxergar e se escutar, isso pode contribuir na forma de se relacionar também.

Uma relação está fundamentada na entrega que se expande com o tempo. Ganhamos ou perdemos, conquistamos ou somos derrotados, amamos, ferimos e somos feridos. Morte, traição, rancor, podem gerar muita dor... Mas não podemos nos esquecer de que a dor que sentimos é nossa.

Não resolve nada culpar ou rejeitar as outras pessoas condenando-as pela nossa dor. Saber libertar-se desse sentimento é sinal de amor. Antes de tudo, é necessário saber amar-se.

Não se amar pode se tornar um risco. Isso mesmo! Quem não se ama corre o risco de oprimir outras pessoas. Sim! Pode humilhar, ignorar, desprezar, caluniar... E se isso acontece, descobrimos que não somos perfeitos...

> Amor não julga. Como somos humanos e o amor não chega a ser todo o nosso ser, julgamos muito, com prazer, todo dia, estabelecendo no julgamento nossa superioridade, pois só julgo meu inferior moral, ou pelo menos julgo para que alguém se torne meu inferior moral... Perdoar é igualar-se e considerar que, se um errou, pertence a minha espécie. O fato de eu não cometer aquele erro em particular, apenas torna o erro alheio distinto dos meus, não me torna melhor.[12]

Quando descobrimos que não somos perfeitos, fica mais fácil aceitarmos o outro em sua imperfeição.

Acumulamos sentimentos negativos represando, dentro de nós, frustrações e tristezas quando não aceitamos o outro em suas limitações. Isso faz muito mal! Livrar-se é uma verdadeira restauração.

Sempre que estamos diante de uma tragédia, onde pessoas se agridem e se matam, inicia-se uma longa caçada para encontrar o culpado. É certo que toda injustiça merece ser reparada, mas cabe uma reflexão diante dos fatos. Quando alguém causa sofrimento e dor a outra pessoa podemos dizer que tal pessoa pertence à nossa espécie: é um de nós! Foi um de nós que errou, um de nós que feriu, um de nós que sofreu... Todos precisamos de restauração.

Para a nossa restauração precisamos de tempo, muito tempo, mas devemos contemplar o seu valor. Nada muda atropelos e pressa.

---

12. KARNAL, Leandro. *Pecar e perdoar*: Deus e o homem na história. 2. ed. Rio de Janeiro: HarperCollins, 2017, p. 143, 139.

O valor do tempo

O tempo é capaz de nos fazer crescer
De nos ajudar a esquecer;
É capaz de nos enriquecer de esperança,
De nos tornar confiantes;
De nos transformar em gente,
De nos tornar como a terra que espera
O sol, a água, a semente...

De nos reduzir a semente... que precisa brotar
Viver, morrer e tornar a viver.
Não devemos temer a morte, mas sim o tempo!
Sabemos que ela vem, mas não sabemos quando!

Por ora só temos o tempo em nossas mãos
Guardado no passado
Planejado para o futuro
Conquistado no presente[13]

UM CAMINHO FEITO DE EMOÇÕES E RAZÃO

Embora popularmente falamos que guardamos tudo no coração e que ele sofre com as ofensas, traições e desprezo, sabemos que as emoções estão ligadas ao sistema límbico: estrutura básica das emoções, áreas específicas do cérebro. Mas, será que podemos pensar com mais amor? O amor pode ser mais inteligente? Na realidade, pensamos e amamos, sentimos e fazemos tudo movidos pela emoção. Tudo é processado no cérebro. Por isso, é importante saber discernir o que é bom e o que é mau.

Dos quatro sentimentos básicos (raiva, tristeza, medo e alegria), três são considerados negativos e, um, positivo. Mesmo quando as emoções são negativas, elas não devem ser suprimidas, eliminadas, mas transformadas.

---

13. GIL, Paulo. Notas do autor.

Emoções negativas são necessárias?

Aceitar, escutar e deixá-las respirar não é ruim... É muito melhor que guardá-las, negá-las ou reprimi-las. O que faz parte de nossa história não pode ser descartado, mas pode ser ressignificado. O perdão como processo de cura e liberdade, leva ao exercício diário de renovação, transformação em nossa vida, considerando o modo como interagimos: pensamentos, palavras e atitudes.

> A transformação se refere a tudo que experimentamos; nossos sucessos e decepções, nossos sentimentos e medos, nossas paixões e necessidades. Significa olharmos para tudo com um olhar que não julga, que deixa os sentimentos como eles são; mas, ao mesmo tempo, os questiona onde eles nos prejudicam, onde nos impedem de viver. A questão é, portanto, descobrir como os sentimentos e paixões podem ser transformados para nos levar à vida, enriquecendo-nos.[14]

Que tal descobrir como os sentimentos podem ser transformados para nos levar a uma vida transformada e enriquecê-la com mais alegria?

> Nossa alma tem um brilho dourado, uma dignidade divina, mas essa dignidade deve ser mostrada na vida cotidiana. Não fugimos do mundo com ideias grandiosas, mas expandimos nosso ponto de vista, abrindo nossos olhos para a grandiosidade de cada ser humano. Vendo a partir dessa ótica, nossa vida ganha uma outra profundidade. Enfrentamos conflitos diários, mas, ao mesmo tempo, sabemos que eles não são tudo, que há outra dimensão em nossa vida. Isso revitaliza os conflitos e problemas cotidianos, gerando expansão interna, liberdade e grandeza.[15]

Podemos consumir melhor o tempo revendo a nossa história, estabelecendo pausas e não finais.

---

14. GRÜN, Anselm. *Abrace suas emoções*: sentimentos negativos como fonte de transformação. Tradução de Luiz de Lucca. Petrópolis: Vozes, 2019, p. 151.
15. Ibid., p. 149.

COMPROMISSO

Vamos nos comprometer com o propósito de consumir melhor o nosso tempo revendo a história a partir do outro.

Encontre um momento, diário ou semanal, para a sua tarefa terapêutica.

Procure um local adequado para o seu silêncio.

Tente se escutar: Recolha a mensagem que vem com seus pensamentos e sentimentos.

Inicie a sua reflexão e compromisso:

O QUE VOU GANHAR SE EU CONSIDERAR SOMENTE OS OUTROS COMO IMPERFEITOS?

SERÁ QUE CONSIGO ACEITAR O OUTRO COMO ELE É?

SERÁ QUE MINHA VIDA NÃO SERIA MAIS FÁCIL SEM ESSA TENSÃO? COMO FAZER?

1. Identifique seu comprometimento com esse processo profundamente libertador. Anote o que desejar.
2. Registre a sua palavra ou frase motivadora:

_____

_____

_____

_____

_____

Vamos dar um passo a mais...

QUINTA SESSÃO

A LIBERTAÇÃO

QUINTO PASSO
no processo terapêutico para a prática do perdão

DA ILUSÃO PARA O REAL

Precisamos avançar dando mais um passo. É momento de encarar a própria realidade. O ideal nos distancia de nós mesmos. O perdão é visto por muitos como segredo... Assunto que precisa ficar bem guardado e que não se fala, não se expressa... Será?

Esse segredo precisa ser revelado em forma de paz – como conquista de liberdade.

Muitos passos...

Como gotas no oceano! O perdão é gota divina que, sem ela, a vida (oceano) perde sua grandeza.

O PERDÃO COMO CONQUISTA... É FRUTO!

✓ **Da decisão consciente e persistente** – Processo que requer respeito ao tempo, às pessoas, aos sentimentos e às emoções. É um processo terapêutico contínuo... Sendo a curto ou longo prazo, exige esforço, treinamento, determinação. Muita disciplina.

✓ **Da decisão da vontade e não da pura emoção** – A vontade livre leva à opção de querer. Um querer que se baseia na humildade, mansidão, maturidade, competência e autocontrole espiritual. É necessário pensar antes de agir, perseverar na busca de sabedoria para tomar sempre as melhores decisões.

✓ **De um coração livre** – É urgente limpar os resíduos... dar espaço ao coração. Libertar o coração aprisionado na tristeza, mágoa, ressentimento...

✓ **De uma postura serena diante da dor** – Compromisso com cura interior de todo sacrifício e dor. É preciso deixar que a serenidade ocupe espaço em nós e diminua a intensidade do sofrimento, mesmo quando é preciso mexer na "ferida". Ninguém mexe no ferimento para aumentar a dor, mas para colocar o remédio que ajuda a curá-lo, assim seria com aquelas situações que nos incomodam e causam dor, sofrimento que precisamos falar, explorar os fatos mesmo que incomode, para poder resolver o conflito.

Perdoar não é simplesmente um critério ético de justiça ou injustiça

Do ponto de vista humano, o perdão será sempre injusto, principalmente quando se acha que o outro é o culpado... Para perdoá-lo é preciso passar por cima das ofensas, agressões, danos e prejuízos causados.

Perdão é não se sentir vingado, mas vitorioso.

Vingança tem sabor de vitória, porque a pessoa sente-se compensada. Perdão tem sabor de vitória porque é uma forma de libertação e de amar....

Quando acontece o perdão, a vida da pessoa torna-se mais leve, mais disponível ao bem-estar, a um novo modo de viver e conviver. Aprender a viver com as pessoas que estão conosco faz parte de nossa vida; acolhê-las é sinal de aproximação. Investir em relações saudáveis e verdadeiras é fundamental, pois conviver é trazer o outro para dentro de nossa vida.

Para o Mestre Sufi, do século XII, o ser humano é uma casa de hóspedes...

Toda manhã uma nova chegada. A alegria, a depressão, a falta de sentido, como visitantes inesperados. Receba e entretenha a todos, mesmo que seja uma multidão de dores que violentamente varre sua casa e tira seus móveis. Ainda assim trate seus hóspedes honradamente. Eles podem estar te limpando para um novo prazer.[16]

Faltam-te pés para viajar?
Viaja dentro de ti mesmo,
e reflete, como a mina de rubis,
os raios de sol para fora de ti.[17]

Já Augusto Cury fala do perdão como base para a felicidade:

Ser feliz é encontrar força no perdão, esperanças nas batalhas, segurança no palco do medo, amor nos desencontros... É agradecer a Deus a cada minuto pelo milagre da vida.[18]

O perdão é a restauração da felicidade, muitas vezes confinada a péssimas condições de vida. Uma vida emaranhada na angústia, tristeza e raiva não consegue desprender-se de si mesmo para viver a vida não vivida. É preciso aproveitar bem o tempo, tê-lo como um aliado para planejar um projeto de vida, que mesmo de forma simples e em pequenos sinais, nos proporciona momentos extraordinários para mantermos a alegria de viver.

Com a Terapia Comunitária do Perdão toda pessoa pode se tornar capaz de identificar os momentos extraordinários de sua vida na experiência do encontro com o outro; fortalecer-se para construir ou reconstruir relações saudáveis e possíveis; restaurar laços; abrir-se para novas possibilidades de restauração, reconciliação e confiabilidade de vínculos afetivos; acreditar e investir no próprio potencial como ser humano e a possibilidade de mudança (metanoia).

---

16. RUMI. *A Casa de Hóspedes*. Disponível em: https://www.marinapacheco.com/pt-pt/blog/a-casa-de-hospedes-de-rumi/. Publicado em: 20 de abril de 2019. Acesso em: 8 de agosto de 2019.
17. RUMI. *Viaja dentro de si*. Disponível em: http://pedrotornaghi.com.br/blogger/?p=595. Publicado em: 30 de outubro de 2011. Acesso em: 8 de agosto de 2019.
18. CURY, Augusto. *Dez leis para ser feliz; autoestima*. Rio de Janeiro: Sextante, 2008, p. 92-93.

EU JÁ... EU AINDA NÃO...

Que tal dar uma paradinha para fazer uma profunda revisão? Façamos uma lista de tudo que já ou ainda não conseguimos conquistar nos passos dados até aqui.

Depois desse exercício de reflexão e possíveis compromissos, tire um tempo para você! Busque uma oportunidade para dar um tempinho só para você mesmo.

> Eu quero uma licença de dormir,
> perdão pra descansar horas a fio,
> sem ao menos sonhar
> a leve palha de um pequeno sonho.
> Quero o que antes da vida
> foi o profundo sono das espécies,
> a graça de um estado.
> Semente.
> Muito mais que raízes.[19]

---

19. PRADO, Adélia. Exausto. In: *Bagagem*. Rio de Janeiro: Editora Record, 2019, p. 26.

COMPROMISSO

Vamos nos comprometer com novos passos para avançar no caminho do perdão e enxergar a própria realidade.

Encontre um momento, diário ou semanal, para a sua tarefa terapêutica.

Procure um local adequado para o seu silêncio.

Tente se escutar: Recolha a mensagem que vem com seus pensamentos e sentimentos.

Inicie a sua reflexão e compromisso:

O QUE PENSO DAS MINHAS VITÓRIAS? SÃO FRUTOS DE ACERTOS E ESFORÇO?

COMO MANIFESTO MEUS SENTIMENTOS DIANTE DOS MEUS PRÓPRIOS ERROS?

1. Descreva as suas conquistas e verifique se está sentindo mudanças em sua vida.
2. Registre a sua palavra ou frase motivadora:

Vamos dar um passo a mais...

SEXTA SESSÃO

CUIDAR-SE PARA O AMOR

SEXTO PASSO
no processo terapêutico para a prática do perdão

A APROXIMAÇÃO DO QUE EXISTE AO REDOR... DO QUE EXISTE DENTRO

Amor e aproximação andam juntos. Quanto mais eu me aproximo de mim mesmo fica mais fácil me reconhecer e me amar. É claro que pode acontecer certo espanto com revelações não tão esperadas ou agradáveis que virão à tona. Nunca deixe de dar passos em direção a você!

Perdoar é um cuidado e um gesto de amor. É libertar-se daquilo que o está destruindo por dentro.

Um tempo para rever

COMO NOS POSICIONAMOS DIANTE DAS POSSIBILIDADES PARA CUIDAR DOS OUTROS?

E PARA CUIDARMOS DE NÓS MESMOS? COMO RESPONDEMOS? QUAL É NOSSA ATITUDE?

Cuidado e responsabilidade

Nem sempre agimos com responsabilidade, agimos por impulsos. Quando não agimos de forma natural, ou seja, de modo saudável, corremos um sério risco. Toda ação por impulso gera riscos...

De olho nos riscos!

1. Não saber expressar as próprias necessidades e o modo adequado de se comunicar.
2. Não enxergar as necessidades dos outros, tornando-os invisíveis aos olhos.
3. Não conseguir estabelecer conexão empática.
4. Não buscar modos saudáveis na resolução de conflitos.
5. Não evitar as guerras verbais, psicológicas e até mesmo físicas.
6. Não deixar de evitar os sinais da indiferença e do desprezo.
7. Não abandonar a triste tentação de julgar e estabelecer rótulos, desumanizando uns aos outros.
8. Não querer encontrar estratégias que facilitem a superação da resistência e da intolerância.
9. Não se libertar do vitimismo.
10. Não saber se está agindo com liberdade ou por medo, culpa ou vergonha.

E poderíamos dizer mais, muito mais...

Se agir por impulso pode nos levar a erros, por vezes irreparáveis, busquemos agir com coerência, equilíbrio e olhos abertos para as possibilidades que nos libertam. A coerência gera conquistas, novas possibilidades. Precisamos viver uma vida mais rica de possibilidades e não tão triste e rasa em suas limitações.

Dentre tantas possibilidades, destacamos:

1. A busca de sentido para a vida.
2. Tomar distância do contexto sem se separar de sua realidade, do mundo.
3. Superar o sofrimento causado por uma dor emocional.
4. Estabelecer conexões para a resolução de conflitos de forma pacífica.
5. Alcançar a cura e a reconciliação pela força do perdão.
6. Gerenciar sentimentos negativos e recorrentes.

7. Construir um projeto de vida considerando os princípios fundamentais para o crescimento pessoal e espiritual.
8. Restaurar relações e fortalecer laços com atitudes amorosas.
9. Vivenciar e compartilhar valores fundamentais para a integridade humana.
10. Enriquecer a vida com mais saúde emocional, psíquica e espiritual.

OLHANDO NO ESPELHO

Olhar no espelho: Esse pode ser um exercício que nos renova por dentro... Pode gerar ansiedade, frustração, tristeza, insegurança, medo... Mas pode gerar alegria, prazer, satisfação. Pode ser um convite à aceitação de nós mesmos.

✓ Olhar com mais amor para nós mesmos e amar sendo você mesmo.
✓ Olhar com mais generosidade.
✓ Olhar com mais gratidão.

Afastar-nos das ilusões e buscar um **olhar para a verdade** que nos liberta de conexões fracas, perigosas ou falsas...

É urgente o cuidado consigo mesmo. Cuidar-se é expressão de amor... "Não há amor sem cuidado. O cuidado nos leva, como o amor, do eu para o tu. Quem ama cuida de quem ama".[20] Sem cuidado o amor fica fraco, fica falho.

O perdão favorece o crescimento do amor e instaura novas relações:

> O itinerário do perdão não se reduz a um processo intrapsíquico, como busca de harmonização individual, circunscrita a quem se sente lesado por uma ofensa ou a quem se mostra amargurado por um remorso. A meta do perdão é a reconciliação entre as pessoas, bem como de cada um consigo mesmo, com sua própria humanidade, em vista de relações mais qualificadas.[21]

---

20. GRÜN, Anselm. *Cuidar de si e do outro*. Tradução de Vilmar Schneider. Petrópolis: Vozes, 2019, p. 118.
21. TEIXEIRA, Vinícius Augusto Ribeiro. *A graça e o desafio de perdoar*. São Paulo: Editora Ave-Maria, 2020, p. 59.

COMPROMISSO

Vamos nos comprometer com esse passo que nos ajuda no crescimento do respeito e amor por si mesmo.

Encontre um momento, diário ou semanal, para a sua tarefa terapêutica.

Procure um local adequado para o seu silêncio.

Tente se escutar: Recolha a mensagem que vem com seus pensamentos e sentimentos.

Inicie a sua reflexão e compromisso:

O QUE PRETENDO FAZER PARA MANTER O CUIDADO COMIGO E COM O OUTRO?

O QUE PRECISA SER MAIS BEM CUIDADO EM VOCÊ MESMO.

1. Aponte com suas respostas o compromisso para continuar prosseguindo em busca do perdão.
2. Registre a sua palavra ou frase motivadora:

_____

_____

_____

_____

_____

_____

Vamos dar um passo a mais...

SÉTIMA SESSÃO

RESTAURAÇÃO

SÉTIMO PASSO
no processo terapêutico para a prática do perdão

O QUE HÁ DE ORIGINAL EM MIM?

Neste momento, no sétimo passo desta jornada, busquemos tempo para voltar ao que existe de mais essencial em nós. Trata-se de uma peregrinação interior em busca de nossa verdade, nossa essência, nosso registro original.

Podemos, por mais uma vez, responder:

- ✓ O que busco fazer?
- ✓ O que quero...
- ✓ O que posso...

Não cabe mais ficar se perguntando: o querem de mim? O que pretendem fazer de mim? Não! Cada um de nós deve se posicionar e buscar a força de nossas decisões, escolhas que nos conectam ao que buscamos.

Perdoar é tornar leve a vida que buscamos viver... É alegrar-se com a vida mais livre de ameaças autodestrutivas.

Fiquemos atentos para a organização de nossa vida:

- ✓ O tempo que damos para nós mesmos.
- ✓ O cuidado com a saúde física, emocional e espiritual.
- ✓ As pessoas e os relacionamentos...

✓ Os projetos, sonhos...

✓ Conquistas e fracassos.

✓ Competências e limitações...

Cuidado!

É preciso escapar da influência de quem pode se aproveitar de nossa limitação. A autodestruição se instala nas reações exageradas e na sensibilidade extrema que podem prejudicar a busca de autonomia.

Autonomia é a capacidade de tomar decisões não forçados ou induzidos por outros... É a busca de uma vida livre de tudo e de todos que nos ameaçam...

Podemos nos manter afastados de todo e qualquer agente provocador para garantir uma necessária individuação, ou seja, o desenvolvimento da personalidade pessoal.

Para isso, devemos buscar um apoio, um auxílio e aconselhamento, de pessoas capazes de nos ouvir livres de julgamentos, estabelecendo um relacionamento saudável e que não ameacem nossa autonomia.

Fiquemos atentos às pessoas e propostas que possam condicionar nossa vida a padrões que nos tornem subjugados ou sobrecarregados ainda mais com o peso dos problemas. Pessoas saudáveis emocionalmente são pessoas curadoras. Podem nos ajudar no processo e restauração da vida, despertando em nós o melhor de nossa personalidade.

O processo permanente que nos leva ao conhecimento da vida interior é como decifrar um quebra-cabeças...

QUAIS SENTIMENTOS PODEM AFLORAR?
É URGENTE CONFIAR EM SI MESMO!

Busquemos encontrar um momento para refletir sobre tudo que ainda podemos alcançar com os passos que estamos dando nesse processo de reconciliação consigo mesmo, com o outro e com Deus.

Se...

Se você puder manter a calma quando todo mundo
À sua volta já a perdeu e diz que você é o culpado;
Se, quando duvidam de você, puder manter sua autoconfiança
E ainda puder desculpá-los pela dúvida;

Se você conseguir esperar, sem se cansar da espera,
Ou, te caluniarem não responder com calúnia,
Ou, se for odiado não ceder espaço ao ódio,
E ainda assim não quiser parecer superior ou muito sábio;

Se você puder sonhar – e não fizer dos sonhos seu mestre;
Se você puder pensar – e não fizer dos pensamentos sua meta;
Se você puder encontrar o Triunfo e Derrota
E tratar esses dois impostores da mesma forma;

Se você puder suportar a verdade que lhe dizem
Distorcida por aqueles que querem te ver cair,
Ou ver as coisas a que dedicou a vida se acabarem,
E se abaixar para reconstruí-las com ferramentas velhas;

Se você puder fazer uma pilha com todas as suas conquistas
E arriscá-las em uma jogada de cara ou coroa,
E perdê-las, e começar novamente do início
E nunca dizer uma palavra sobre a perda;

Se você puder forçar coração, nervos e músculos
A persistirem mesmo depois de esgotados,
E aguentar quando não há mais nada em você
Exceto a Determinação que fica a repetir: "Aguente!";

Se você puder falar com multidões e manter sua virtude,
Ou andar com Reis e não perder a simplicidade;
Se nem adversários cruéis nem amigos queridos podem ferir você;
Se todos os homens confiam em você, mas não em demasia;

Se você puder preencher cada minuto
Dando valor a todos os segundos,
Sua é a Terra e tudo que existe nela [...] [22]

É tudo uma questão de paciência, determinação e confiança na própria capacidade de se reencontrar e se conectar com o "eu interior".

O perdão requer reconciliação com os ferimentos... Os ferimentos do corpo e da alma. Libertar-se do que e de quem nos fere é importante para o afastamento do poder destrutivo que ainda está instalado ou se instalando em nós.

Em um de seus livros Anselm Grün diz *"Meu ferimento pode tornar-se minha aptidão".* [23] Ele fala até em transformar as feridas em pérolas.

COMO FAZER DO FERIMENTO – PEDRA DE TROPEÇO – UMA PEDRA DE GRANDE VALOR? ISSO É POSSÍVEL?

Se a ferida está gravada em nós feito marcas na pedra, rústica e irregular... O que podemos fazer para lapidar a pedra diariamente até que se torne uma pérola? Essa pedra somos nós.

CAMINHO DE TRANSFORMAÇÃO

O caminho de transformação é uma experiência espiritual de lapidar-se, diariamente! Trata-se de um processo que requer:

- ✓ Tempo – para discernir o essencial do acidental, provisório e descartável.
- ✓ Investimento – conhecer aspectos mais internos de sua própria personalidade.
- ✓ Disciplina – para transcender o ego e abrir-se para a própria singularidade.

---

22. KIPLING, Joseph Rudyard. Se. In: *Rewards and fairies*, 1910 – domínio público.
23. GRÜN, Anselm. *Cuidar de si e do outro*. Tradução de Vilmar Schneider. Petrópolis: Vozes, 2019, p. 93.

- ✓ Atenção – para avançar e superar a distância que existe entre o que você é e o que você aspira ser.
- ✓ Foco – manter-se fiel ao esforço de superação das limitações que aprisionam e paralisam.
- ✓ Direção – ter sempre presente a meta, a busca do sentido fortalecido na experiência da escuta.

O importante é não esquecer que onde fomos feridos se abriu uma oportunidade para buscar o que existe de mais verdadeiro em si mesmo.

A escuta silenciosa, a meditação, a oração e a contemplação são possibilidades para o crescimento espiritual. A espiritualidade é um caminho de fé, aberto para o diálogo mais transparente e sincero com Deus; uma relação de profunda intimidade com Ele.

Esse tempo para Deus é necessário para se ofertar tudo que está guardado e do que surge, pensamentos, sentimentos, dores, angústias, mas também alegrias e esperanças, imagens e paixões, para que tudo seja plasmado pelo amor que vem Dele.

Pense!

Meditar é caminhar para alcançar o autoconhecimento acerca de si mesmo e de nossas relações. O tempo para Deus é a oportunidade para sentir a suavidade do sopro divino que nos contagia.

Não é saudável deixar que os problemas se eternizem. Buscar a liberdade no perdão é entrar em contato com sua paz...

Isso é possível!

Siga perseverante na direção desejada. Há dois caminhos: um é o da reconciliação que leva à dignificação e o outro é o da contradição que gera discórdia, conflito, revolta...

Com a Terapia Comunitária do Perdão é possível conhecer melhor a si mesmo e se curar: libertar-se, desfazer-se dos sofrimentos que afligem sua vida.

COMPROMISSO

Vamos nos comprometer com a busca de um tempo para voltarmos ao que existe de mais essencial em nós.

Encontre um momento, diário ou semanal, para a sua tarefa terapêutica.

Procure um local adequado para o seu silêncio.

Tente se escutar: Recolha a mensagem que vem com seus pensamentos e sentimentos.

Inicie a sua reflexão e compromisso:
Pensando no tempo, na vida, nas oportunidades...

O QUE REALMENTE BUSCO FAZER?

O QUE SINCERAMENTE QUERO FAZER?

O QUE REALMENTE VOU FAZER?

1. Faça uma lista de prioridades em sua vida, considerando sua reflexão e respostas dadas às perguntas acima.
2. Registre a sua palavra ou frase motivadora:

_____

_____

_____

_____

_____

_____

Vamos dar um passo a mais...

OITAVA SESSÃO

DETERMINAÇÃO

OITAVO PASSO
no processo terapêutico para a prática do perdão

O PERDÃO É UMA CONQUISTA...

Quando se compreende o significado mais profundo da palavra paz e se tenta dar com humildade o exemplo de uma vida contagiada por ela, fica mais fácil de conseguir também reconhecer um sinal de luz no interior de outras pessoas. O outro passa a ser alguém igualmente iluminado, mesmo que o seu modo de vida não corresponda ao nosso.

Despertamos para a verdade que é o outro... à medida que a mente aquieta, encontra paz, fica mais fácil alcançar a possibilidade de enxergar o outro na sua verdade, na sua essência.

E SE O QUE ENXERGARMOS NÃO AGRADAR?

Aqui, podemos dizer que se abre a possibilidade de seguir por um dos dois caminhos que se apresentam:

1. Deixar de se enganar pelos sentimentos muitas vezes carregados de preconceito, raiva, apatia, aversão, desrespeito ao outro... Dar uma chance para a verdade que é do outro, muitas vezes ignorada pelo simples fato de que tudo precisa ser rejeitado...

2. Permanecer no fechamento do pensamento sem lhe proporcionar um pouco mais de leveza. Persistir na condição de prisioneiro do sofrimento, responsável por danos na vida afetiva, social, psíquica e espiritual. Isso não é nada saudável, muito menos sinal de crescimento humano e espiritual.

É urgente e necessário desacelerar! Só assim se pode perceber que a vida proporciona grandes conquistas, mesmo que estas cheguem em pequenos sinais.

O perdão é uma conquista, fruto da escolha livre e sincera, que se sustenta a todo tempo pela DETERMINAÇÃO. O passo decisivo para se manter firme e determinado em busca do perdão é tornar-se um observador silencioso de tudo e de todos.

É urgente deixar que os pensamentos se encontrem nas imagens que vemos projetadas em nossa história e que aos poucos se fundem no SILÊNCIO restaurador que nos proporciona um pouco mais de VIDA.

Esse observador silencioso não se constrói na pressa de alcançar sabedoria, liberdade e paz... nem na tentativa de resolver os problemas de forma tão imediata. Não! Não se iluda. O observador silencioso que ajuda a entender o que se passa dentro e fora de nós já está dentro de cada pessoa. É preciso deixar que ele apareça, encontre o seu lugar, seja o protagonista na nossa experiência de ser, viver e conviver.

Quando naturalmente desaceleramos, tudo vai se acomodando generosamente dentro de nós, tudo converge para o nosso bem... sentimos a vida soprar novos ares e mais luz em nosso favor.

> Não se force a seguir um caminho espiritual.
> Deixe que seus ensinamentos,
> delicadamente, abram seu coração e o conduzam.
> Como o sal se dissolvendo gradualmente na água,
> deixe os ensinamentos se dissolverem em seu coração. [24]

---

24. SUNIM, Haemin. *As coisas que você só vê quando desacelera* – Como manter a calma em um mundo frenético. Tradução de Rafaella Lemos. Rio de Janeiro: Sextante, 2017, p. 251.

Alcançar a compreensão do que buscamos fazer, do que queremos fazer e do que podemos fazer e estabelecer conexões com nossos sentimentos não é algo fácil e nem tão rápido assim... é um processo complexo e requer paciência e persistência.

Para alguns, esse mecanismo pode ser devastador. Para muitos, esse processo pode durar a vida inteira. É necessário reconhecer a nossa responsabilidade na participação dos problemas e na autoria da história que nós mesmos elaboramos, por vezes gerando sofrimento.

O risco:

Rejeitar ou não reconhecer nossa responsabilidade. É difícil aceitar que somos nós que procuramos o que nos faz sofrer quando permitimos que nos façam sofrer. É necessário assumir a responsabilidade e o nosso pertencimento ao fato (história).

A dor é nossa – é de cada um... Nossas escolhas nos escolhem. Enfrentar essa verdade significa entrar em contato com o sofrimento, dores, insultos, injustiças... Tentar culpar alguém ou simplesmente agradar o outro, simulando solução do problema, é autossabotagem.

O essencial para a mudança e solução do problema para a celebração do perdão é o comprometimento com um *processo terapêutico* em nossa vida em vista da cura, da libertação e conquista da paz interior.

A paz interior é a meta para a humanidade...
Passa o tempo, correm os rios,
Sopra o vento e a suavidade do silêncio
chega aos ouvidos de mansinho e
aos poucos se instala.
Quando sua mente toca o seu silêncio profundo
faz arder o coração.[25]

Fiquemos de olho!

✓ Atenção ao ciclo repetitivo: pensamentos e emoções que nos enredam em nossos problemas.

---

25. Gil, Paulo. Notas do autor.

✓ Cuidado com a literatura de autoajuda que apresenta soluções simplistas.

✓ Invista no caminho para a sensibilidade e a responsabilidade sobre sua saúde física, emocional e espiritual.

✓ Tenha a humildade de reconhecer que é impossível conhecer alguém totalmente e de aceitar que tem fraquezas e defeitos... não estamos imunes às imperfeições que identificamos nos outros.

✓ Encare as escolhas da vida, mas cuide para que elas não estejam baseadas na repetição eterna dos mesmos erros.

COMPROMISSO

Vamos nos comprometer com uma escuta ativa do coração.

Encontre um momento, diário ou semanal, para a sua tarefa terapêutica.

Procure um local adequado para o seu silêncio.

Tente se escutar: Recolha a mensagem que vem com seus pensamentos e sentimentos.

Inicie a sua reflexão e compromisso:
Procure escutar e acompanhar o que diz seu coração.
Não tenha pressa para as soluções, tenha foco!
Volte ao item **Fique de olho** nesse oitavo passo e pense sobre o que tem influenciado de forma positiva ou negativamente a sua vida.

1. Faça uma lista separando o lado positivo do lado negativo identificados em suas respostas.
2. Registre a sua palavra ou frase motivadora:

_____

_____

_____

_____

_____

_____

_____

Vamos dar um passo a mais...

NONA SESSÃO

RECONCILIAÇÃO

NONO PASSO
no processo terapêutico para a prática do perdão

RECONECTAR-SE COM O OUTRO, COM SI MESMO E COM O UNIVERSO...

Depois de muitos passos, este é o momento de fazer uma parada para refletir sobre a Reconciliação.

O mundo, atualmente, está marcado pela violência, indiferença, espírito de vingança, intolerância... Tudo passa a ser mais provisório, temporário, descartável... Até mesmo as relações interpessoais, os vínculos e laços afetivos, sejam eles familiares, conjugais ou de amizade. Em tempos de mudança é preciso um esforço muito grande para não deixar que se perca a essência, o sentido da vida, os valores fundamentais e os princípios que regem a experiência comunitária da convivência. É tempo para o ser humano se reconectar com o outro, com si mesmo e com o universo. É tempo de deixar que o plano divino da graça se torne prioridade, mais evidente no pensamento, nas palavras e nas ações.

Perdão e reconciliação são conceitos que precisam ir para além do campo religioso, devem ser reconhecidos como atitudes para o crescimento humano. O melhor enfrentamento para essa situação é o reconhecimento do nosso papel na família, na comunidade e na sociedade.

Em quase todas as culturas percebe-se o esforço por alimentar a paz em todos os setores da vida humana para que possam conviver bem, não apenas sobreviver. Existem muitos povos que lutam para sobreviver em meio à violência, são séculos de agressões, feridas que não cicatrizam... Corações endurecidos por interesses corrosivos.

As religiões contribuem na corrida para o desenvolvimento de uma cultura do encontro, na restauração de vínculos e fortalecimento dos laços. Avançam nessa direção para combater a cultura da exclusão, da indiferença e do descartável. Caminhar com um novo olhar sobre a realidade, com mais ternura, bondade e compaixão não só alivia o fardo na caminhada, mas também nos torna mais semelhantes ao divino Criador.

A identidade religiosa requer abertura para a paz e disponibilidade para avançar na construção de um novo tempo.

A jornada que iniciamos rumo ao perdão e à reconciliação favorece o fortalecimento das quatro dimensões: o nosso modo de pensar (cognitivo), o nosso jeito de sentir (emocional), o nosso jeito de agir (comportamental) e a nossa possibilidade de transcender (espiritual).

O bom gerenciamento das emoções e sentimentos negativos e destrutivos, favorece a preservação da integridade, do sentido da vida e da socialização. Com o equilíbrio emocional é possível ficar atento para uma possível prevenção e mediação de conflitos.

Outra conquista que advém da busca do perdão e reconciliação é a DIGNIFICAÇÃO. Trata-se de elevar o outro à sua dignidade de ser humano. Não somente o "trabalho dignifica o homem", dando sentido à sua existência, mas também a verdade, a solidariedade, a igualdade e a liberdade.

A dignidade é uma qualidade inerente ao ser humano, que racionalmente vai estruturando o seu comportamento identificado nos valores éticos, morais, sociais e até religiosos.

Também é sabido que a racionalidade do ser humano o encaminha para a frente no sentido de desejar mudanças, transformações em sua vida: evolução, conquistas e crescimento em vista de sua realização e melhor interação com as pessoas e o mundo.

A vida moderna ressalta a urgência de uma vida pautada no respeito à dignidade do outro, pelo simples fato de "ser" humano. O cuidado de si mesmo é uma batalha incansável para não vivermos a sensação de que a vida escorre pelas mãos.

> É possível que uma das melhores saídas seja a real busca de nós mesmos em um desenvolvimento gradativo. Ao seguirmos por esse caminho, é provável que a vida moderna deixe de nos distrair para, positivamente, ajudar-nos.[26]

Então, cada pessoa que caminha para o perdão e cresce em sua autoaceitação e estima reconhece o verdadeiro sentido da dignidade do ser humano. Sabe que na sua essência existe um sinal da presença de Deus em sua vida. Onde existe vida, Deus aí está. Não cabe aqui o julgamento sobre o comportamento, mas sim o reconhecimento que Deus habita os corações. Deus ama a todos e *"faz nascer o seu sol sobre os maus e os bons e faz cair a chuva sobre os justos e injustos"* (Mt 5,45).

É certo que Deus age em favor dos que o amam, "tudo contribui para o bem daqueles que amam a Deus, daqueles que são chamados segundo o seu desígnio" (Rm 8,28), por isso, toda a busca por mudança interior é sinal de amor a Deus.

O passo decisivo para a celebração do perdão é a **dignificação**, pois ao reconhecer que o outro é digno de Deus por sua natureza humana, será digno também de nossa decisão em perdoar.

O que importa é que *"devemos cumprir toda justiça"* (Mt 3,15). Perdoar não é inocentar, nem tampouco sinônimo de recomeço. É necessário fechar ciclos e se abrir ao novo. A capacidade de perdoar revela uma maturidade emocional e espiritual muito avançada.

A Sagrada Escritura no Livro de Gênesis nos fala que, no ponto alto da criação do ser humano, Deus criou o homem e a mulher, ambos criados com igual dignidade, à sua imagem e semelhança Ele os criou: *"Então o Senhor formou o ser humano com o pó do solo, soprou-lhe nas narinas o sopro de vida, e ele tornou-se um ser vivente"* (Gn 2,7).

---

26. ABREU, Cristiano Nabuco de. *Psicologia do cotidiano*: Como vivemos, pensamos e nos relacionamos hoje. Porto Alegre: Artmed, 2016, p. 72.

O ser humano está em constante desenvolvimento. O caminho para o perdão é esse desenvolvimento que potencializa sentimentos puros e atitudes nobres.

> O coração que perdoa enxerga o essencial, vai além das aparências, considerando a pessoa a partir de sua dignidade, captando sua riqueza escondida e estimulando sua capacidade de ser melhor. É próprio do perdão ultrapassar a materialidade dos atos e fixar-se no mais profundo, acordando no outro, dinamismos de regeneração.[27]

---

27. TEIXEIRA, Vinícius Augusto Ribeiro. *A graça e o desafio de perdoar*. São Paulo: Editora Ave-Maria, 2020, p. 32.

Compromisso

Vamos nos comprometer com a memória da nossa caminhada.

Encontre um momento, diário ou semanal, para a sua tarefa terapêutica.

Procure um local adequado para o seu silêncio.

Tente se escutar: Recolha a mensagem que vem com seus pensamentos e sentimentos.

Inicie a sua reflexão e compromisso:

QUAIS SÃO OS OBSTÁCULOS, DIFICULDADES E MOMENTOS DE INSEGURANÇA NOS ÚLTIMOS TEMPOS?

TENHO SENTIDO DESEJO DE DESISTIR, DE NÃO PROSSEGUIR? QUANDO E POR QUÊ? QUAIS SÃO OS AVANÇOS, AS CONQUISTAS E AS ESPERANÇAS ALIMENTADAS AO LONGO DO PROCESSO.

O QUE SIGNIFICA PARA VOCÊ DIZER: EU VIVO ME COMPLETANDO?

1. Anote suas respostas para sua avaliação.
2. Registre a sua palavra ou frase motivadora:

_____

_____

_____

_____

_____

Vamos dar um passo a mais...

DÉCIMA SESSÃO

NOVOS PASSOS

DÉCIMO PASSO
no processo terapêutico para a prática do perdão

O CAMINHO DE BUSCAS SE TORNA PERMANENTE...

Depois de tantos passos dados, é importante manter-se firme no propósito de percorrer o caminho que leva à liberdade de pensamento, de sentimentos... E da alma. A liberdade da alma gera a expansão da paz.

Libertar-se das angústias, das incertezas, das aflições e da falta de coerência e de amor traz de volta a sensação de calmaria.

É muito popular a expressão: "Depois da tempestade vem a bonança". Pois então, podemos indicar vários sinônimos para a palavra bonança: felicidade, tranquilidade, abundância de coisas boas e, ainda, o estado do mar quando está próprio para a navegação... Prefiro dizer, depois da tempestade vem o recomeço; para muitos, o fim da tristeza, da dor, do sofrimento.

A violência da dor precisa ser vencida pela força interior que está no íntimo de cada pessoa. Essa força precisa ser transmitida aos outros através de palavras... Assim, a fala, comprometida com a verdade e o pensamento positivo, pode facilitar a interação entre as pessoas, pois a relação interpessoal se sustenta com o diálogo franco, aberto e integrador.

O diálogo aproxima, reconcilia; já a falta de diálogo e a não possibilidade de usar as palavras resulta na imposição de atitudes, onde sempre prevalece o ato.

Ficam muito mais gravados na memória das pessoas os atos do que as palavras... Em geral, uma palavra vem sempre acompanhada de um gesto, uma atitude. Quando se estabelece uma forma saudável de diálogo, as palavras favorecem o crescimento e o fortalecimento das relações. Quando isso não acontece são grandes os conflitos e os danos emocionais são altamente destrutivos.

> A experiência clínica nos ensina todos os dias que um homem bate por não poder falar: O que prevalece é o ato, que tem valor de palavra. Quando, numa relação a dois, um homem não consegue se exprimir ou o outro não permite que ele o faça, quando a instituição não cria espaços de troca, então a palavra está nos atos que destroem o outro e todo pensamento.[28]

A vida é um eterno esforço de articulação entre as diferentes maneiras de amar. É um caminho de buscas que se torna permanente.

ATENÇÃO AOS SENTIMENTOS RECORRENTES

Entre perguntas e respostas, erros e acertos, conquistas e derrotas, é fundamental a atenção que devemos dar aos sentimentos recorrentes. Grande é o perigo e o estrago quando se instalam novamente em nossa vida aqueles sentimentos que são altamente corrosivos: ódio, raiva, rancor, mágoas, ciúme patológico...

Em geral, todos esses sentimentos refletem um grau de insegurança absurdo, bem como um vitimismo doentio. A pessoa se torna vítima de tudo! Isso até pode estimular as pessoas para a agressividade, nos pensamentos, palavras, atitudes, tornando-as mais violentas. Um famoso provérbio, de autor desconhecido, diz: "Rancor é o mesmo que tomar veneno e esperar que o outro morra".

A carga negativa que tais sentimentos pesam em nós pode acentuar o excesso de expectativas que geralmente alimentamos em relação aos outros ou sobre suas atitudes. Se não nos libertarmos dessa situação,

---

28. CYRULNIK, Boris. *Os alimentos afetivos*. 2. ed. Tradução Claudia Berliner. São Paulo: Martins Fontes, 2007, p. 142.

ardilosa armadilha, será muito mais difícil ressignificar ou perdoar o que está para ser mudado.

Não se torne o que te feriu

Ressignificar é transformar as dores e seus efeitos em aprendizado; é motivação para continuar no processo de evolução e permanecer fiel aos sonhos e vontade de se tornar livre e crescer.

Assim como ressignificar é possível, reconciliar-se também é. Reconciliação é um ato possível e poderoso. É um recomeço!

O sentido à vida para:

- ✓ Viver com esperança.
- ✓ Motivar-se para se libertar.
- ✓ Fortalecer-se para o entusiasmo e encontrar-se no otimismo.

São passos permanentes e fundamentais para o processo de ressignificação.

COMPROMISSO

Vamos nos comprometer com os próximos passos na prática do perdão.

Encontre um momento, diário ou semanal, para a sua tarefa terapêutica.

Procure um local adequado para o seu silêncio.

Tente se escutar: Recolha a mensagem que vem com seus pensamentos e sentimentos.

Inicie a sua reflexão e compromisso:

COMO DAR REPRESENTAÇÃO À FORÇA DE SEU AMOR?

PROCURE SER UM PESCADOR DE POSSIBILIDADES: PAZ, CONCILIAÇÃO, HARMONIA, ACORDO, COMUNHÃO, CONCÓRDIA, ENTENDIMENTO, CONSONÂNCIA, AMABILIDADE, TERNURA...

1. Avalie sua caminhada e complete:

✓ ATÉ AQUI EU ...
✓ EU AINDA NÃO....

2. Registre a sua palavra ou frase motivadora:

_____

_____

_____

_____

Vamos dar um passo a mais...

Passos Permanentes...

Como manter a calma e construir relações mais saudáveis em um mundo agitado?

O mundo anda muito complicado! É uma verdadeira "montanha-russa", agitado e episódico. A cada dia uma novidade, tudo é muito relativo e provisório. Vivemos inseridos numa realidade conturbada que gera uma sociedade intolerante, individualista e egoísta. Uma sociedade do absurdo, onde a realidade imita a ficção e os humanos são insistentemente obrigados a conviver com o irracional; o que nos obriga a uma reflexão: o irracional está fora do humano ou já se abriga e se expressa nele? Triste é o ser humano que não enxerga sinais de corrosão de princípios, ideais destruídos, visões distorcidas, sistemas corruptos e ideias reprimidas em sua existência, vaga pelo mundo, sempre obrigado a ceder.

Quando o ser humano se perde na brutalidade de suas atitudes e na impostação de sua voz, seus passos deslizam, num vai e vem desconcertante, à procura da força que reside em sua motivação de vida: ser, estar e pertencer.

Quando o mundo, em nossa volta, impede-nos de vivermos na liberdade e na paz, é tempo de buscarmos uma saída. Todas as possibilidades, para alcançarmos uma vida mais leve e feliz, serão sempre maiores que as limitações que nos paralisam e que nos impedem de abrirmos os olhos para a luz que insiste em brilhar e em favorecer o equilíbrio entre a razão e o coração humano; luz que gera energia para o nosso agir.

Manter a calma, em um mundo agitado, é abraçar um novo agir em favor da restauração da existência. Só construiremos relações mais saudáveis quando avançarmos na direção das possíveis mudanças em nossa vida. Mudar não é fácil, mas não é impossível! Não façamos somente o que nos pedem, planejemos nossa vida para dizermos sim e não; não levemos para a nossa vida o peso das palavras e das atitudes negativas que não nos pertencem; não busquemos agradar a todos, nem tampouco, vivermos como dependentes de suas opiniões, impressões ou dominações.

A maior alegria para o ser humano é poder fazer uso de sua inteligência e de sua capacidade de amar, para viver e conviver com pessoas de mentalidade e comportamentos positivos.

O mundo agitado pode intensificar a tempestade nas relações, com a presença de tantas pessoas tóxicas entre nós, principalmente, com aquelas que sentem prazer em causar desordem. Cuidado! Negatividade, atitudes irracionais e o poder de manipulação podem nos prejudicar; podem nos ferir e roubar a nossa paz. O jeito é estabelecer limites, manter a calma e não revidar com a mesma violência, com o mesmo veneno.

Saibamos lidar com tudo isso, conhecendo-nos melhor, para estimularmos o melhor em nós.

Num mundo de tantas ofertas e surpresas, de tantas instabilidades e armadilhas, sabermos o que é essencial pode parecer difícil demais. Mas, se pensarmos que essencial é aquilo que somos, temos ou buscamos, algo de extrema importância pode facilitar. Essencial é aquilo que nos define ou constitui o que, realmente, somos ou tanto esperamos alcançar.

Podemos dizer que muitas coisas em nossa vida são fundamentais e que algumas são vitais. Podemos viver com o básico e isso pode ser o essencial para nós. Essencial, portanto, não está ligado ao quanto conquistamos, investimos ou acumulamos, mas ao que, verdadeiramente, importa.

Concentrarmo-nos no que, realmente, não pode ser esquecido ou deixado de lado, é focarmos no indispensável, para não mudarmos a rota de nossa jornada e, nem tampouco, mudarmos o que somos, enquanto estamos a caminho.

Viver é um ofício que requer muito de nós. Viver para o bem é essencial.

A vida que habita em nós é para servir a vida que existe fora de nós. Pensando assim, vamos registrar o que, então, é essencial para a nossa vida.

Busquemos alinhar a nossa vida a um novo tempo, com atitudes positivas que poderão nos ajudar no processo de recuperação da calma em tempos difíceis e em um mundo em crise.

Concentre-se no essencial.

Encontre o seu deserto.

Silencie o vozerio interno.

Sinta a vida que pulsa em você.

Dialogue com sua memória.

Liberte-se do que não é recíproco e do excesso de pensamentos.

Dê voz aos seus sentimentos.

Evite tornar-se um doador compulsivo ou um dependente emocional.

Entre em conexão com sua alma.

Levante-se e caminhe em frente!

O final feliz será seguir em frente... Um grande abraço!

Perdão é uma lição para a vida toda.
É uma atitude em favor da paz interior,
um ato de liberdade.

Referências

ABREU, Cristiano Nabuco de. *Psicologia do cotidiano*: como vivemos, pensamos e nos relacionamos hoje. Porto Alegre: Artmed, 2016.

ARANTES, Guilherme. *Vivendo e aprendendo a jogar*. Álbum de Eliz Regina. São Paulo: Odeon Records, 1980.

BARRETO, A.P. *Quando a boca cala, os órgãos falam...* – Desvendando as mensagens dos sintomas. Fortaleza: Gráfica LCR, 2012.

_____. *Terapia comunitária*: passo a passo. 3. ed. revisada e ampliada. Fortaleza: Gráfica LCR, 2008.

BAUMAN, Zygmunt & DONSKIS, Leonidas. *Cegueira moral*: A perda da sensibilidade na modernidade líquida. Tradução de Carlos Alberto Medeiros. Rio de Janeiro: Zahar, 2014.

BOFF, L. *Saber cuidar*: Ética do humano – compaixão pela terra. Petrópolis: Vozes; 2008.

BRANT, Fernando & NASCIMENTO, Milton. *Pensamento, A barca dos amantes*: Álbum de Milton Nascimento. Paris: Gravadora: Barclay, 1990.

CARMELLO, E. *A competência resiliência*: Administrando situações adversas e de alta pressão. Disponível em: Acesso em 26 de dezembro de 2009.

CARTER, Betty & McGOLDRICK Monica, M. As mudanças no ciclo de vida familiar: uma estrutura para a terapia familiar. 2. ed. Porto Alegre: Artes Médicas, 1995.

CAUDILL, Margaret. *Controle a dor antes que ela assuma o controle*: um programa clinicamente comprovado. Tradução de Denise Maria Bolanho. São Paulo: Summus, 1998.

CURY, Augusto. *Dez leis para ser feliz*. Rio de Janeiro: Sextante, 2008.

CYRULNIK, Boris. *Os alimentos afetivos*, 2. ed. Tradução de Claudia Berliner. São Paulo: Martins Fontes, 2007.

FOLEY, Vincent. *Introdução à terapia familiar*. Porto Alegre: Artes Médicas, 1990.

FREIRE, P. *Pedagogia do oprimido*. 41. ed. Rio de Janeiro: Paz e Terra, 2005.

GABRIEL O PENSADOR; LIMINHA & LIMA, Ana. *Se liga aí. Seja você mesmo*: Álbum de Gabriel o pensador. Nova York: Gravadora Sony, 2001.

GIL, Paulo. Notas do autor.

GRACO, Caio Silvio. *Noturno, Beleza*: Álbum de Fagner. Nova York: Gravadora CBS, 2005.

GRÜN, Anselm. *Abrace suas emoções*: sentimentos negativos como fonte de transformação. Tradução de Luiz de Lucca. Petrópolis: Vozes, 2019.

_____. *Cuidar de si e do outro*. Tradução e Vilmar Schneider. Petrópolis: Vozes, 2019.

HELLINGER, Bert. *No centro sentimos leveza*: Conferências e histórias. 2. ed. Tradução de Newton de Araújo Queiroz. São Paulo: Cultrix, 2006.

HOEBEL, E.A. & FROST, E.L. *Antropologia cultural e social*. São Paulo: Cultrix, 1995.

KAREEMI. *Viva com leveza*: E liberte-se do estresse da ansiedade e da insegurança. São Paulo: Editora Gente, 2018.

KARNAL, Leandro. *Pecar e perdoar*: Deus e o homen na história, 2. ed. Rio de Janeiro: HarperCollins, 2017.

KIPLING, Joseph Rudyard. Se. In: *Rewards and fairies*, 1910 – domínio público.

MINUCHIN, Salvador. *A cura da família*. Porto Alegre: Ed. Artes Médicas, 1995.

PALAORO, Adroaldo. *O efeito terapêutico do perdão*, 2017. Disponível em: https://centroloyola.org.br/revista/outras-palavras/espiritualidade/154-o-efeito-terapeutico-do-perdao. Publicado em: 16 de maio de 2013. Acesso em: 30 de maio de 2019.

PAPP, Peggy. *O processo de mudança*: Uma abordagem prática à terapia sistêmica da família. Porto Alegre: Artes Médicas, 1992.

PRADO, Adélia. *Exausto*. In: *Bagagem*. Rio de Janeiro: Editora Record, 2019.

RIBEIRO, Felipe de Nobrega; SILVA, João Alberto Barone & VIANNA, Hebert. Alagados, Selvagem?: Álbum de Paralamas do Sucesso. Londres: Gravadora EMI Records, 1986.

ROSENBERG, Marshall. *Vivendo a comunicação não verbal*. Tradução de Beatriz Medina. Rio de Janeiro: Sextante, 2019.

ROSNER, Stanley & HERMES, Patricia. O ciclo da autossabotagem. Tradução de Eduardo Rieche. Rio de Janeiro: Best Seller, 2018.

RUMI. *A Casa de Hóspedes*. Disponível em: https://www.marinapacheco.com/pt-pt/blog/a-casa-de-hospedes-de-rumi/. Publicado em: 20 de abril de 2019. Acesso em: 8 de agosto de 2019.

_____. *Viaja dentro de si*. Disponível em: http://pedrotornaghi.com.br/blogger/?p=595. Publicado em: 30 de outubro de 2011. Acesso em: 8 de agosto de 2019.

SUNIM, Haemin. *As coisas que só vê quando desacelera*. Tradução de Rafaella Lemos. Rio de Janeiro: Sextante, 2017.

TEIXEIRA, Vinicius Augusto Ribeiro. *A graça e o desafio de perdoar*. São Paulo: Editora Ave-Maria, 2020, p. 59

TORRALBA R., Francesc. *Inteligência espiritual*. Tradução de João Batista Kreuch. Petrópolis: Vozes, 2012.

WEIL, Pierre & TOMPAKON, Roland. *O corpo fala*: A linguagem silenciosa da comunicação não verbal. Petrópolis: Vozes, 2015.

CULTURAL

Administração
Antropologia
Biografias
Comunicação
Dinâmicas e Jogos
Ecologia e Meio Ambiente
Educação e Pedagogia
Filosofia
História
Letras e Literatura
Obras de referência
Política
Psicologia
Saúde e Nutrição
Serviço Social e Trabalho
Sociologia

CATEQUÉTICO PASTORAL

Catequese
Geral
Crisma
Primeira Eucaristia

Pastoral
Geral
Sacramental
Familiar
Social
Ensino Religioso Escolar

TEOLÓGICO ESPIRITUAL

Biografias
Devocionários
Espiritualidade e Mística
Espiritualidade Mariana
Franciscanismo
Autoconhecimento
Liturgia
Obras de referência
Sagrada Escritura e Livros Apócrifos

Teologia
Bíblica
Histórica
Prática
Sistemática

VOZES NOBILIS

Uma linha editorial especial, com importantes autores, alto valor agregado e qualidade superior.

REVISTAS

Concilium
Estudos Bíblicos
Grande Sinal
REB (Revista Eclesiástica Brasileira)

VOZES DE BOLSO

Obras clássicas de Ciências Humanas em formato de bolso.

PRODUTOS SAZONAIS

Folhinha do Sagrado Coração de Jesus
Calendário de mesa do Sagrado Coração de Jesus
Almanaque Santo Antônio
Agendinha
Diário Vozes
Meditações para o dia a dia
Encontro diário com Deus
Guia Litúrgico

CADASTRE-SE
www.vozes.com.br

EDITORA VOZES LTDA.
Rua Frei Luís, 100 – Centro – Cep 25689-900 – Petrópolis, RJ
Tel.: (24) 2233-9000 – Fax: (24) 2231-4676 – E-mail: vendas@vozes.com.br

UNIDADES NO BRASIL: Belo Horizonte, MG – Brasília, DF – Campinas, SP – Cuiabá, MT
Curitiba, PR – Fortaleza, CE – Juiz de Fora, MG – Petrópolis, RJ – Recife, PE – São Paulo, SP